Betriebs- und verkehrswirtschaftliche Forschungen
Herausgeber:
Prof. Dr. Konrad Mellerowicz, Berlin; Prof. Dr. Paul Deutsch, Leipzig;
Prof. Dr. jur. Dr. phil. Walter Rohrbeck, Köln
Heft 7

Die Buchführungs- und Bilanzvorschriften bei Klein- und Privateisenbahnen

Von
Dr. rer. pol. Leo Chrobaczek
Diplom-Kaufmann

Walter de Gruyter & Co.
vormals G. J. Göschen'sche Verlagshandlung – J. Guttentag, Verlagsbuchhandlung – Georg Reimer – Karl J. Trübner – Veit & Comp.
Berlin 1940

Archiv-Nr. 13 15 40

Druck von Konrad Triltsch, Würzburg-Aumühle.

Printed in Germany

B 20

Inhaltsverzeichnis

I. Die Stellung der Klein- und Privateisenbahnen in der deutschen Verkehrswirtschaft, ihre Entwicklung und wirtschaftliche Lage.

Neben der Reichsbahn gibt es in Deutschland heute noch eine große Anzahl nicht reichseigener öffentlicher Eisenbahnen, die Privateisenbahnen und die nebenbahnähnlichen Kleinbahnen, so genannt zur Unterscheidung von den straßenbahnähnlichen Kleinbahnen. Die Eisenbahnen sind mit den Straßenbahnen in der Reichsverkehrsgruppe Schienenbahnen zusammengefaßt. Nach dem Handbuch der öffentlichen Verkehrsbetriebe, das von der Verkehrsgruppe in Zusammenarbeit mit dem Verband Deutscher Kraftverkehrsgesellschaften in Dortmund herausgegeben worden ist, gab es 1936 noch 191 Kleinbahnverwaltungen mit 299 Betrieben und 62 Privateisenbahnverwaltungen mit 127 Betrieben. Die Reichsverkehrsgruppe wurde am 1. 10. 1935 als Selbstverwaltungsorgan geschaffen, sie fußt auf dem früheren Reichsverband Deutscher Verkehrsverwaltungen.

Die Unterscheidung nach Privateisenbahnen und nebenbahnähnlichen Kleinbahnen rührt nicht, wie man annehmen möchte, etwa von der Spurweite der Bahnen her. Nach der „Statistik der Eisenbahnen im Deutschen Reich" für das Geschäftsjahr 1935 errechnen wir bei den Kleinbahnen etwa 55% Vollspurgleise, bei den Privatbahnen 83%. Sie hat vielmehr ihren Grund in der gesamten Struktur des Verkehrs, den die Bahnen zu bewältigen haben und damit in der Art ihrer Einflußgebiete. Deshalb sind auch die beiden Gruppen verschiedenen Gesetzen unterworfen. Für die Privateisenbahnen gilt in Preußen das Gesetz über die Eisenbahnunternehmungen vom 3. 11. 1838, wodurch sie als Bahnen des allgemeinen Verkehrs im wesentlichen der Reichsbahn gleichgestellt sind. Die Kleinbahnen, die als Bahnen des nicht allgemeinen Verkehrs — nur den unmittelbar örtlichen Verkehrsinteressen dienen — unterliegen dem Gesetz über Kleinbahnen und Privatanschlußbahnen vom 28. 7. 1892. Der Rechtsbegriff „Kleinbahn" wurde zuerst in der preußischen Gesetzgebung geprägt. In den anderen deutschen Ländern sind die Verhältnisse ähnlich geregelt worden.

Die Entwicklung des Eisenbahnwesens in Deutschland war nicht zuletzt wegen der politischen Vielgestaltigkeit im 19. Jahrhundert uneinheitlich. Neben Gründungen von Privatbahnen in Form der Aktiengesellschaft vor allem in

Mitteldeutschland und Preußen gab es in Süddeutschland meist Bahnen, die vom Staat selbst gebaut und betrieben wurden; im damaligen Königreich Hannover gab es fast ausschließlich Staatsbahnen. Immer aber behielt sich der Staat die letzte Entscheidung bei den Gründungen durch die Konzessionierung vor, einerseits um Fehl- oder Überinvestierungen zu vermeiden, dann natürlich auch aus strategischen Gründen. Überhaupt konnte man auf die Mitarbeit der Staaten so beim Bau von zwischenstaatlichen Bahnlinien, die in großer Zahl aus naheliegenden Gründen notwendig waren, nicht verzichten, da ja zu diesem Zweck Staatsverträge abgeschlossen werden mußten.

In den 70er und 80er Jahren setzte eine große Verstaatlichungsaktion der privaten Bahnen ein, die vor allen Dingen die gut rentierenden Hauptlinien erfaßte. In den süddeutschen Ländern überwog wie erwähnt von Anfang an der Staatsbahngedanke. Bayern ist allerdings vorübergehend u. a. beim Bau seiner Ostbahnen von ihm abgegangen. Die letzte und mächtigste Privatbahn, die Pfalzbahn, wurde 1908 vom Staat übernommen. In Mecklenburg-Schwerin wechselten die Bahnen mehrfach den Besitzer, bis die meisten von ihnen 1889 endgültig verstaatlicht worden sind. Die mächtige hessische Ludwigsbahn, ein privates Unternehmen, neben dem die Staatsbahnen von geringerer Bedeutung waren, wurde 1896 zur Hälfte von Hessen und Preußen übernommen. Damals kam durch Staatsvertrag die Preußisch-Hessische Eisenbahngemeinchafft zustande. Als Kuriosum mag erwähnt sein, daß der letzte Teil einer Hauptstrecke, die Bahnlinie Salzbergen — Holländische Grenze, über die bereits seit 1867 die Schnellzüge Berlin — Amsterdam verkehren, erst nach dem Kriege, am 31. Dezember 1923, vom Reich übernommen worden ist. Als letzte private Eisenbahn, die eine Hauptlinie befährt, hat sich bis vor kurzem noch die Lübeck-Büchener Eisenbahn erhalten. Die nicht in das Eigentum des Reichs übergegangenen Bahnen betreiben also heute nur Zubringer-, Sammler- und Verteilerlinien. Das Netz dieser Bahnen ist zum größten Teil erst ausgebaut worden, nachdem die Verstaatlichung der Hauptbahnen im wesentlichen bereits durchgeführt war. Für die Nebenbahnen stand von vornherein fest, daß man bei ihnen zur Erzielung der nach damaliger Auffassung unbedingt notwendigen Rentabilität nicht mit den gleichen Tarifsätzen wie bei den Hauptbahnen auskommen konnte. Der Grundsatz der Tarifgleichheit hätte aufgegeben werden müssen, wenn die Staatsbahn diese Linien selbst betreiben wollte.

Deswegen überließ man ihren Bau den interessierten Provinzen, Kreisen, Gemeinden, Gemeindeverbänden oder besonders interessierten Wirtschaftskreisen und schuf zunächst in Preußen, danach in Mecklenburg-Schwerin, Baden und Oldenburg für die kleineren Lokalbahnen ein neues Gesetz, eben das Kleinbahngesetz vom 28. Juli 1892.

Die Form, in der man die nicht reichseigenen Bahnen betreibt, ist überwiegend die der Aktiengesellschaft. Diese Tatsache ist für die Maßgeblichkeit der gesetzlichen Vorschriften über die Rechnungslegung bei privaten Bahnen von entsprechender Bedeutung. An 2. Stelle steht der Eigenbetrieb der öffentlichen Hand, schließlich folgt die Wirtschaftsform der Gesellschaft mit beschränkter Haftung. Folgende Darstellung, die aus dem Handbuch der öffentlichen Verkehrsbetriebe entnommen ist, soll die Zahlen nach Betriebsform und Fachgruppen im einzelnen wiedergeben:

	Aktien-Ges.	Eigenbetrieb der öffentlichen Hand	G. m. b. H.	Sonstige Wirtschaftsformen
Nebenbahnähnliche Kleinbahnen	146	73	47	33
Private Bahnen des allgemeinen Verkehrs	72	5	4	46
	218	78	51	79

Unter „Sonstige Wirtschaftsformen" sind offene Handelsgesellschaften, Einzelfirmen, Zweckverbände u. a. aufgeführt. Die öffentliche Hand besitzt neben den in Form des Eigenbetriebs geführten Bahnen noch folgende Beteiligungen an Aktiengesellschaften und Gesellschaften mit beschränkter Haftung:

	an nebenbahnähnlichen Kleinbahnen	an privaten Bahnen des allgem. Verkehrs
zu 100 v. H.	72	7
zu mehr als 50 v. H.	69	17
unter 50 v. H.	25	27
	166	51

Der Rest der Gesellschaften mit 27 Kleinbahnen und 25 Privateisenbahnen liegt ausschließlich in privater Hand.

Die privaten Bahnen Deutschlands insgesamt betrachtet bilden bekanntlich kein zusammenhängendes Netz, nur in einigen Bezirken, z. B. in Pommern treten die Kleinbahnen so dicht auf, daß man dann von einem solchen in etwa reden könnte. Es handelt sich hier vielmehr um eine große Zahl von Strecken, die oft von einer Gesellschaft oder einem Provinzialverband betrieben werden, und in allen Teilen des Reiches zerstreut sind.[1]) Die Gesamtstreckenlänge der privaten

[1]) Die Lenz & Co. G.m.b.H., Berlin, betreibt 27 Bahnen, die Allgemeine Deutsche Eisenbahn-Betriebsgesellschaft m.b.H., Berlin, 18 Bahnen, das Landesverkehrsamt Brandenburg (Eisenbahnabteilung — IV — des Provinzialver-

Bahnen beträgt nach der Statistik der Eisenbahnen im Deutschen Reich für 1935 [2]) rd 14 000 km, das sind im Verhältnis zur Reichsbahn mit ihrer Gesamtstreckenlänge von 54.400 km knapp 26% oder 20% des gesamten öffentlichen Eisenbahnnetzes in Deutschland. Von den 14 000 km Streckenlänge der privaten Bahnen entfallen 9 500 km auf nebenbahnähnliche Kleinbahnen und 4 500 km auf Privateisenbahnen. Den größten Anteil des Privatbahnnetzes seiner gesamten Bahnen, und zwar überwiegend aus Kleinbahnen bestehend, hat heute Preußen mit 27% und hier wiederum die Provinz Pommern mit 43%. Überhaupt ist die Bedeutung der Kleinbahnen gerade in vorwiegend landwirtschaftlichen Gegenden mit dünner Besiedlung besonders groß, so z. B. auch in Schleswig-Holstein mit 41% Anteil an der Gesamtstreckenlänge oder Hannover mit 29% und Ostpreußen mit 23%.

Die Verkehrsstruktur dieser Bahnen ist daher sehr ungünstig; denn während im Reich insgesamt betrachtet auf 1 km Bahnlänge (einschl. Reichsbahn) 1 020 Einwohner kommen, sind es in den östlichen Provinzen nur 500. Diese Verhältnisse müssen sich überdies auf die Einnahmen der Kleinbahnen deswegen noch nachteiliger als bei den anderen Bahngruppen auswirken, weil von den gesamten Verkehrseinnahmen bei ihnen 48,3% auf Einnahmen aus Personenverkehr entfallen; bei den Privateisenbahnen waren es 27,8%, bei der Reichsbahn 29,9%.

Was den Güterverkehr der Kleinbahnen betrifft, so ist festzustellen, daß er noch mehr unter der schärferen Konkurrenz des Kraftverkehrs (Nahverkehr) [3]) zu leiden hat als der der Privateisenbahn, weil ihm im Wechselverkehr sehr erhebliche Beschränkungen auferlegt sind; den Kleinbahnen ist die durchgehende

---

bandes von Brandenburg) 19 Kleinbahnen, der Oberpräsident der Provinz Hannover (Verwaltung des Provinzialverbandes Abteilung Landeskleinbahnamt) 20 Kleinbahnen, die Ostpreußische Kleinbahn-A.G. besitzt 10 Bahnen, sie werden von der Ostdeutschen Eisenbahngesellschaft Königsberg betrieben. Der Oberpräsident der Provinz Sachsen (Verwaltung des Provinzialverbandes, Kleinbahndezernat) betreibt 21 Bahnen. Die Deutsche Eisenbahn-Betriebs-Gesellschaft A.G. Berlin besitzt 13 Bahnen und betreibt 14, die Zentralverwaltung für Secundairbahnen Hermann Bachstein G.m.b.H. Berlin betreibt 12 Bahnen, die Süddeutsche Eisenbahngesellschaft in Essen betreibt 12 Eisenbahnen und 2 Straßenbahnen, die Localbahn-A.G. München besitzt und betreibt 11 Bahnen, die Württembergische Eisenbahngesellschaft besitzt und betreibt 8 Bahnen, die Thüringische Eisenbahn-A.G. besitzt 5 Bahnen, Betrieb, Zentralverwaltung für Secundairbahnen Berlin.

[2]) Die weiter in dem Text angeführten Zahlen sind sämtlich derselben Statistik entnommen.

[3]) durchschnittl. Bahnlänge der nebenbahnähnlichen Kleinbahnen 31,7 km, durchschnittl. Bahnlänge der Privateisenbahnen 35,5 km.

Abfertigung und Beförderung der Güter ebenso die direkte Frachtberechnung und der Güterdurchgang zwischen zwei anschließenden Bahnen über die Kleinbahnstrecke versagt. Da ferner ein großer Teil der Kleinbahnen schmalspurig gebaut ist, wird der durchgehende Verkehr mit der Reichsbahn noch weiterhin erschwert Trotz dieser Schwierigkeiten überwiegt bei weitem der Übergangsverkehr. Er betrug 1935 bei den Kleinbahnen 78% des gesamten Güterverkehrs, bei den Privatbahnen sogar 92%. Hier kommt die Benachteiligung der Kleinbahnen am stärksten zum Ausdruck, und der Schluß liegt nahe, daß eine Erleichterung des Übergangsverkehrs, was bereits geplant ist, mit seiner anteilsmäßigen Steigerung am Gesamtverkehr auch diesen stark heben muß.

In diesen Verhältnissen liegt die Erklärung dafür, daß die Kleinbahnen bei ihrer mehr als doppelt so großen Betriebslänge mit 91 417 Mio RM Gesamteinnahmen nur rd 2,3 Mio RM mehr als die Privateisenbahnen ausweisen. Auf den km Betriebslänge bezogen betrugen die Gesamteinnahmen 1935

	RM
bei den nebenbahnähnlichen Kleinbahnen	9 131,—
bei den Privateisenbahnen	19 786,—
(Reichsbahn)	(66 115,—)

Der Hauptgrund für die geringe Einnahme je km Betriebslänge bei den Kleinbahnen liegt wie gesagt darin, daß der besser rentierende Güterverkehr vergleichsweise so schwach ist. Er betrug 1935 38,5 Mio to gegenüber 40,5 Mio to bei den Privateisenbahnen (408 Mio to bei der Reichsbahn). Dazu kommt, daß die mittlere Versandweite einer Tonne bei den Kleinbahnen nur 10,17 km war, bei den Privateisenbahnen aber 16,10 (bei der Reichsbahn 155,61 km). Die Einnahmen aus Güterverkehr je km Betriebslänge beliefen sich demnach bei den Kleinbahnen nur auf 4.702 RM und bei den Privateisenbahnen auf 13 065,— RM (bei der Reichsbahn 43.164,— RM).

Im Personenverkehr ergibt sich bei den privaten Bahnen für die Einnahmen je km Betriebslänge kein so großer Unterschied, sie betrugen 4 470,— RM und 5 212,— RM (bei der Reichsbahn 18 950,— RM), obwohl die Kleinbahnen mit 213,9 Mio Personen reichlich das Vierfache von den auf Privateisenbahnen gefahrenen Personen beförderten. Die Erklärung liegt hier teilweise wiederum in der geringen mittleren Reiseweite mit 6,18 km gegenüber 14,63 km bei den Privateisenbahnen (bei der Reichsbahn 26,54 km), was natürlich auch eine geringere Wagenbesetzung zur Folge hat.

Trotz dieser Verhältnisse erreichen die Kleinbahnen eine vergleichsweise gute Betriebsziffer. Sie betrug 1935 89,86 gegenüber 93,74 bei den Privateisenbahnen (Reichsbahn 95,75). Das beruht vor allem auf den bedeutend geringeren Betriebsausgaben mit 8 250,— RM je km Betriebslänge gegenüber bei den Privateisenbahnen 18 548,— RM (Reichsbahn 63 185,— RM).

Auf die wirtschaftliche Lage der beiden privaten Bahngruppen insgesamt kann man jedoch aus der Betriebsziffer allein bekanntlich keine Schlußfolgerung ziehen, da nämlich Abschreibungen (Erneuerungsrücklagen) und Zinsen bei ihrer Errechnung außer Betracht bleiben. Bei dem sehr hohen Anteil des Anlagekapitals dieser Unternehmungen handelt es sich um ansehnliche Beträge.

Der Jahresfehlbetrag bei den Kleinbahnen für 1935, bereits mit dem Vortrag von 17,3 Mio belastet, wurde auf 1936 vorgetragen. Er belief sich auf 17,8 Mio RM (bei 9,3 Mio RM Betriebsüberschuß) trotz Zuschüssen aus Zinsbürgschaften, Subventionen, erlassener Beförderungssteuer und Zuschüssen aus aufgenommenen Darlehen von insgesamt rd 8,6 Mio RM. Der Betrag aus Zuschüssen durch aufgenommene Darlehen ist leider nicht besonders herausgestellt, denn sein Charakter ist ja von dem der vorher genannten Posten grundverschieden. Überhaupt ist der Fehlbetrag von 17,8 Mio kameralistisch zu verstehen; denn Tilgungen, Dividenden usw. sind ebenfalls hier mitverrechnet. Bei den Privateisenbahnen konnte bei dem Vortrag eines Fehlbetrages von 1,3 Mio RM ein Überschuß von 703 000 RM in 1935 erzielt werden, allerdings auch nach Zuschüssen derselben Art wie bei den Kleinb. in Höhe von 8,6 Mio RM.

Der in der Statistik für Verzinsung des Anlagekapitals angegebene Prozentsatz von 1,31 bei den Kleinbahnen und 1,07 bei den Privateisenbahnen ist für kaufmännische Betrachtungen nicht brauchbar, da er den Betriebsüberschuß (ohne Abschreibungen und Zinsen) und die von den jetzigen Eigentümern auf das Unternehmen „verwendeten Nettobeträge" zugrunde legt. Die bis Ende 1935 aufgelaufenen Baukosten betragen bei den Kleinbahnen 741 Mio RM, bei den Privateisenbahnen 585 Mio (bei der Reichsbahn 26 135 Mio RM). Wenn man diesen Zahlen die Dotierungen zu den Erneuerungsrücklagen in 1935 von rd 6,6 Mio und rd 6,2 Mio gegenüberstellt, so kann man trotz aller Vorsicht, mit der man diese Zahlen betrachten muß, ohne weiteres sagen, daß sie den nach allgemeinen wirtschaftlichen Grundsätzen vorzunehmenden Abschreibungen, die sie ja vertreten sollen, nicht entsprechen. Die Ende 1935 aufgelaufenen Erneuerungsrücklagen betrugen 35,8 Mio bei den Kleinbahnen und 23,2 Mio bei den Privateisenbahnen.

Bei dem vergleichsweise umfangreichen Bahnnetz der Kleinbahnen ergibt sich in der Umlegung der Baukosten auf den km Eigentumslänge eine bedeutend geringere Zahl als bei den Privateisenbahnen, sie beträgt 75 233,— RM [4]) gegenüber 130 342,— RM bei den Privateisenbahnen. Das hat seinen Grund vor allem in dem größeren Anteil an Schmalspurbahnen bei den Kleinbahnen, die dazu noch für ihre Linien in größerem Umfange öffentliche Straßen benutzen als die Privateisenbahnen.

Die Kleinbahnen stellen somit ein verhältnismäßig billiges Mittel zur Erschließung von verkehrsarmen Gegenden dar. Ohne sie und ohne die Privateisenbahnen könnte die Reichsbahn ihre Verkehrsaufgaben nicht in dem hohen Maße wie heute erfüllen. Von auf allen Bahnen (außer Straßenbahnen) in 1935 beförderen Personen benutzten 5,2% die Privatbahnen; am Güterverkehr hatten sie einen Anteil von 16,2%. Wenn man weiter den verhältnismäßig geringen Binnenverkehr von 8% bei den Privateisenbahnen und 22% bei den Kleinbahnen berücksichtigt, kann man ihre große Bedeutung als Zubringer und Verteiler im Dienste der Reichsbahn noch besser ermessen. Wegen dieser verkehrswirtschaftlichen Bedeutung, ferner der Höhe des bei ihnen investierten Kapitals und nicht zuletzt der dort tätigen rd. 40 000 Volksgenossen hat der Staat an ihnen ein berechtigtes Interesse. Das bekundet er durch die Unterstützungspolitik in Gestalt von Bürgschaften, Kreditgewährungen und Zuschüssen der verschiedensten Art.

---

[4]) Diese Zahlen sind etwas kleiner als die wirklichen, da einige Bahnen ihre Beträge nicht angegeben haben.

II. Gesetze, Verordnungen und Erlasse betr. die Geschäftsführung und Rechnungslegung bei Klein- und Privateisenbahnen.

Die rechtlichen Vorschriften, die für die Kleinbahnen und Privateisenbahnen betr. die Geschäftsführung und Rechnungslegung erlassen worden sind, interessieren uns im folgenden nur insoweit, als sie die Bildung von bestimmten Fonds sowie die Rechnungslegung mit dem dazugehörigen Jahresabschluß angehen.

Zum letzteren sagt bereits das Preußische Eisenbahngesetz vom 5. 11. 1838, dessen Bestimmungen für die Privateisenbahnen z. T. noch heute Geltung haben, im § 34 folgendes: „Um die Ausführung der in den §§ 29—33 gegebenen Vorschriften (sie betreffen u.a. die Angemessenheit der Tarifhöhe) möglich zu machen, ist die Gesellschaft verpflichtet, über alle Theile ihrer Unternehmung genau Rechnung zu führen und hierin die ihr von dem Handelsministerium zu gebende Anweisung zu befolgen. Diese Rechnung ist jährlich bei der vorgesetzten Regierung einzureichen".

Die nebenbahnähnlichen Kleinbahnen, die dem Gesetz über Kleinbahnen und Privatanschlußbahnen vom 28. 7. 1892 unterliegen, sind zur Rechnungslegung durch das Gesetz nicht verpflichtet; im § 32 wird dazu gesagt: „Der Unternehmer k a n n verpflichtet werden, über jede Bahn, für welche ihm eine besondere Genehmigung erteilt worden ist, dergestalt Rechnung zu führen, daß der Reinertrag derselben, und wenn der Unternehmer eine Aktiengesellschaft ist, die von derselben gezahlte Dividende daraus mit Sicherheit entnommen werden kann". Der Gesetzgeber gibt hier gleich den Grund und Zweck der Rechnungslegung, nämlich die Errechnung des Reinertrags bzw. die rechnungsmäßige Rechtfertigung über die Höhe der Dividende bekannt. Der Unterscheidung von Reinertrag und gezahlter Dividende legte man nicht den gebührenden Wert bei, was verschiedentlich zum Ausdruck kommt, so auch in dem § 42 des Eisenbahngesetzes von 1838, wo man die Dividende gleichsam als Kapitalisierungsfaktor für die gelegentliche Errechnung eines Übernahmepreises verwendet wissen will. Hierin liegt aber, wie uns scheint, der eigentliche Grund für jene Vorschrift. Dem gleichen Zweck soll übrigens auch die Beibehaltung der ursprünglichen Anlagewerte in der Bilanz dienen. Wir kommen noch darauf zurück.

In den zu dem Kleinbahngesetz ergangenen Ausführungsanweisungen vom 22. 8. 1892 und den weiteren vom 13. 8. 1898 wird die Kannvorschrift des § 32 zu einer Sollvorschrift verstärkt; hiernach soll die Verpflichtung zur Rechnungsführung konzessionsmäßig auferlegt werden. Später wird dann die Vorschrift schließlich allgemein bindend gemacht; in einem Erlaß des Ministers für öffentliche Arbeiten vom 29. 12. 1901 werden die Herren Regierungspräsidenten aufgefordert, alle Genehmigungsurkunden auf diese Verpflichtung hin zu prüfen und in den gegebenen Fällen durch einen Nachtrag zur Genehmigungsurkunde oder, wenn nicht möglich, „bei erster Gelegenheit z. B. bei der Genehmigung wesentlicher Änderungen des betreffenden Unternehmens" die Verpflichtung zur Rechnungsführung nachzuholen und sicherzustellen. In demselben Erlaß wird auch die getrennte Rechnungsführung und Rechnungslegung für jede der besonders genehmigten Kleinbahnen gefordert. Notwendigenfalls müssen die Betriebsausgaben für jede Kleinbahn, die zusammen mit anderen Werkbetrieben oder fremden Kleinbahnen unter einer Leitung stehen, geschätzt werden. Hier steht wieder die Sorge um einen möglichst der Wirklichkeit entsprechenden Überschuß im Vordergrund. Die Verpflichtung zur Rechnungslegung ist in den verschiedenen deutschen Ländern anders geregelt worden. Es würde zu weit führen, auf diese Dinge im einzelnen einzugehen, wir wollen uns vielmehr mit der Feststellung begnügen, daß alle Eisenbahnunternehmungen als Kaufleute nach dem für das ganze Reichsgebiet geltenden Handelsgesetzbuch (vgl. § 1 Nr. 5) Bücher zu führen (§ 38) und „einen das Verhältnis des Vermögens und der Schulden darstellenden Abschluß zu machen" haben (§ 39).

Während die Buchführungsvorschriften im allgemeinen nur die Verpflichtung als solche zur Buchführung oder Rechnungslegung auferlegen, nichts also über ihre Einrichtung und Form aussagen, abgesehen von den aktienrechtlichen Formvorschriften (darüber weiter unten), die aber nur für den Abschluß gelten, sind für die Eisenbahnunternehmungen in einigen Erlassen, die die Anwendung des Normalbuchungsformulars (NBF) betreffen, diesbezügliche Vorschriften ergangen. Das NBF, das mit einigen unwesentlichen Abänderungen bereits seit der Jahrhundertwende besteht, wurde von den Eisenbahnen bis in die Nachkriegszeit hinein fakultativ angewandt. Erst durch einen Erlaß des Reichsverkehrsministers vom 9. 1. 1924 ist seine Anwendung zunächst für die privaten Eisenbahnen des allgemeinen Verkehrs allgemein vorgeschrieben, für die nebenbahnähnlichen Kleinbahnen Preußens ist das gleiche durch den Erlaß des Pr. Min. für Wirtschaft und Arbeit vom 2. 9. 1933 — IV 6073 Wo J.-Nr. II 11377 — geschehen. Für die Eisenbahnen hat das NBF, das in Anlage 1 beiliegt, gleichsam die Bedeutung eines Einheitskontenplanes. Es ist rein kameralistisch aufgezogen und gibt in der Zusammenfassung naturgemäß auch das

Schema für einen rein kameralistischen Abschluß ab. Jede Bahn ist verpflichtet, einen Abschluß in der entsprechenden Form anzufertigen. Ein Erlaß des Reichsverkehrsministers vom 1. 3. 1933 — E 14141 12/33 — sagt dazu, daß trotz Einbeziehung der Betriebseinnahmen und -ausgaben in das Formblatt für die Gewinn- und Verlustrechnung von Eisenbahn-Aktiengesellschaften „die Aufnahme der Betriebsrechnung (NBF) in den Geschäftsbericht in der bisherigen Weise nicht entbehrt werden kann". In einem entsprechenden Erlaß vom 2. 9. 1933 wird für die Kleinbahnen das gleiche festgestellt.

Die in Form der Aktiengesellschaft geführten Betriebe müssen, wie eben angedeutet, neben dem kameralistischen noch den kaufmännischen Abschluß in der bestimmten Form machen. Sie sind dabei an die aktienrechtlichen Formvorschriften gebunden. Den speziellen eisenbahnwirtschaftlichen Verhältnissen Rechnung tragend hat die Reichsregierung vom § 134 Aktiengesetz vom 30. 1. 1937 Gebrauch gemacht und den Eisenbahnen für die Aufstellung des Jahresabschlusses besondere Formblätter vorgeschrieben. (1. Durchführungsverordnung vom 29. 9. 1937 zum Aktiengesetz — RGBl. I. S. 1026). In dem Formblatt sind Abteilungen für den Kraftverkehrsbetrieb neu aufgenommen. Damit ist der Verkehrsentwicklung entsprochen, die dahin geht, daß die infrage kommenden Bahnen mehr und mehr den Kraftverkehr betreiben. Für unsere Arbeit ist diese Weiterung aber ohne Bedeutung. Für die Aufstellung der Gewinn- und Verlustrechnung wurde, wie bereits im Zitat des zuletzt genannten Erlasses gesagt, die Betriebsrechnung nach NBF weitgehend zugrunde gelegt. Auf Einzelheiten wird in einem besonderen Abschnitt eingegangen werden.

Wir stellten bereits in Abschnitt I fest, daß die öffentliche Hand einerseits als Kapitalgeber sehr stark an Bahngesellschaften beteiligt ist und selbst zahlreiche Bahnbetriebe in eigener Regie führt. Was für diese Bahnen die Verpflichtung zur Rechnungsführung und ihre Form angeht, kommen die speziellen eisenbahnrechtlichen Vorschriften und die Erlasse über die Anwendung des NBF in Betracht. Bezüglich der Form des Jahresabschlusses ist zu sagen, daß die im § 98 des Preußischen Gemeinde-Finanzgesetzes enthaltene Vorschrift die §§ 260b bis 261c HGB a.F. seien sinngemäß anzuwenden, durch Erlaß der Deutschen Gemeindeordnung außer Kraft gesetzt worden sind. In dem bereits erwähnten Erlaß des Pr.Min. für Wirtschaft und Arbeit vom 2. 9. 1933 finden wir jedoch dazu folgenden Hinweis: „... aus denselben Gründen [1]) ersuche ich ferner, für den Jahresabschluß der nebenbahnähnlichen Kleinbahnen, die Wirtschaftsbetriebe der öffentlichen Hand sind, dasselbe Formblatt sinngemäß anzuwenden, wie es durch die zweite Verordnung zur Durchführung der aktienrechtlichen Vor-

[1]) der Gleichmäßigkeit halber und zur Erleichterung der Prüfung der Jahresabschlüsse.

schriften usw. vom 20. Dezember 1932 vorgeschrieben worden ist [2])." Bezüglich des Jahresabschlusses der Privateisenbahnen entnehmen wir einem Erlaß des Reichsverkehrsministers vom 1. 3. 1933 nur folgendes: „Durch die am 20. Dezember 1932 (RGBl. I S. 563) erlassene zweite Verordnung zur Durchführung der angegebenen aktienrechtlichen Vorschriften (s. Anmerkung) sind nunmehr diese Formblätter für die Bahnen des allgemeinen Verkehrs vorgeschrieben". Dieser Erlaß ist an alle Bahnen des allgemeinen Verkehrs, die der Aufsicht des Reichsverkehrsministers unterstehen, gerichtet, obwohl in dem Erlaß ausdrücklich auf die aktienrechtlichen Vorschriften verwiesen ist. In keinem der vorangehenden oder nachfolgenden Erlasse finden wir aber irgendeine Bemerkung, aus der man entnehmen könnte, daß, was die Anwendung der Formblätter betrifft, für die Betriebe der öffentlichen Hand etwas Besonderes gelten soll. Aus diesem Grunde und wegen der offensichtlich sehr engen Zusammenarbeit der beiden zuständigen Ministerien auf eisenbahnrechtlichem Gebiet, weswegen man das Fehlen einer diesbezüglichen Vorschrift als rein formalen Mangel ansehen könnte, müßte man glauben, daß ebenso wie die Kleinbahnen auch die Bahnen des allgemeinen Verkehrs diese Formblätter zu verwenden haben. Um unsere Annahme zu erhärten, möchten wir noch darauf hinweisen, daß das Interesse an der Publizität der Rechnungslegung von öffentlichen Betrieben zum mindesten ebenso groß ist wie das bei Aktiengesellschaften.

Wir ließen eingangs bereits durchblicken, daß die Privatbahnen zur Bildung von bestimmten Fonds angehalten sind. Das Preußische Eisenbahngesetz von 1838 erwähnt in einem anderen Zusammenhang einen Reservefonds „für außergewöhnliche die Bahn und Zubehör betreffende Ausgaben". Hier ist der später genannte Spezialreservefonds gemeint, so genannt zur Unterscheidung von dem aktienrechtlichen Reservefonds. Neben ihm spielt vor allem aber der Erneuerungsfonds die ungleich wichtigere Rolle. Genauere Bestimmungen über diese Fonds, ihre Bildung, Verwaltung und Verwendung findet man in den Konzessionsurkunden, allerdings erst in denen, die etwa nach der Reichsgründung ausgestellt worden sind, nachdem man einige Erfahrungen, was vor allem die notwendige Höhe der Jahresrücklagen und der Ausstattung der Fonds überhaupt betrifft, gesammelt hatte.

In einer Denkschrift vom 4. April 1874 [3]) z. B. wurde dem Eisenbahnkommissariat vom Minister aufgetragen, bei den ihrer Aufsicht unterstellten Privat-Eisenbahnverwaltungen auf Anwendung der neuen Grundsätze

---

[2]) Entsprechend dem heute geltenden Recht ist auf die erste Durchführungsverordnung zum Aktiengesetz vom 29. 9. 1937 zu verweisen.

[3]) Passow, „Die Bilanzen der privaten und öffentlichen Unternehmungen", Seite 247.

und Rechnungsmethoden hinzuwirken. Die Höhe der aus den Überschüssen jährlich zu entnehmenden Rücklagen sind in einem besonderen Regulativ festzulegen, das heute vom Reichsverkehrsminister genehmigt und von Zeit zu Zeit einer Prüfung unterzogen wird. In dem Regulativ sind auch Bestimmungen über die Anlage dieser Fonds aufzunehmen. In neuerer Zeit sind einige beonders diese Fragen betreffende Erlasse ergangen, auf die wir noch in anderem Zusammenhang eingehen werden.

Auch die Kleinbahnen sind zur Bildung von Fonds angehalten. Die einschlägigen Bestimmungen (Bildung, Verwaltung und Verwendung) finden sich im § 11 des Kleinbahngesetzes und den Ausführungsanweisungen dazu. Bestimmte Anordnungen über die Höhe der jährlichen Rücklagen sind auch hier den Regulativen vorbehalten, während im Gesetz die Anhaltspunkte dafür genannt sind. Von diesen Bestimmungen sind aber nur die sogenannten nebenbahnähnlichen Kleinbahnen betroffen, also die den Privatbahnen des allgemeinen Verkehrs „ähnlichen", nicht dagegen die sogenannten straßenbahnähnlichen Kleinbahnen. Für die diese Fragen betreffende Erlasse jüngeren Datums gilt das bei den Privateisenbahnen Gesagte.

Die Betriebe der öffentlichen Hand unterliegen, was die Fondsbildung angeht, besonderen Vorschriften. Nach der Ausführungsanweisung zu § 11 des Kleinbahngesetzes (Abschnitt VI) sind „Kommunalverbände, wenn sie als Unternehmer von Kleinbahnen auftreten, von der Verpflichtung zur Bildung von Rücklagefonds befreit (vgl. auch § 12 des Kleinb.-Ges.), unbeschadet jedoch der von Kommunalaufsichtswegen oder bei Gewährung von Unterstützungen seitens des Staates oder der Provinzen etwa getroffenen Anordnungen bzw. Vereinbarungen." Nach Hein-Krüger [4]) rechnen zu den Kommunalverbänden „Provinzen, Kreise, politische Gemeinden, Gemeindeverbände und die Zweckverbände, insbesondere auch der Siedlungsverband Ruhrkohlenbezirk. Außerpreußische Staaten und Gemeinden sind von der Sicherstellung nicht befreit". Die Kommunalverbände (ebenso Reich und Staat) gelten aber nur dann als Unternehmer, wenn sie nach außen im eigenen Namen und für eigene Rechnung die Kleinbahn bauen und betreiben, also nicht, wenn sie nur geldlich als Aktionär usw. beteiligt sind oder eine einem Dritten genehmigte Bahn betreiben. Für die besagten Kommunalverbände ist nun aber durch den Erlaß des Pr.Min. für Wirtschaft und Arbeit vom 2. September 1933 eine wichtige Änderung eingetreten. Die Verbände sind danach nur dann von der Rücklagenbildung befreit, wenn eine dauernde Unterhaltung der Bahnanlagen und Betriebsmittel gewährleistet ist, sonst „sind künftig mit Rücksicht auf die allgemeine ungünstige wirt-

---

[4]) Hein-Krüger, Kleinbahngesetz I, S. 89.

schaftliche Lage der Gemeindeverbände auch bei ihnen Rückstellungen, Abschreibungen oder Wertberichtigungen in den Jahresabschlüssen — falls nicht bereits geschehen (?) — vorzunehmen". Die von der Verpflichtung befreiten „Kommunalverbände" sind insoweit gegenüber den anderen Unternehmen begünstigt, als wie man annimmt zur dauernden Unterhaltung der Bahnanlagen und Betriebsmitteln weniger Mittel erforderlich sind als zur Bildung der entsprechenden Erneuerungsfonds. Wir kommen auf diese Dinge noch weiter unten zu sprechen, ebenso auf die gerade in diesem Zusammenhang seltsam anmutende Gleichstellung von Rückstellungen und Abschreibungen bzw. Wertberichtigung.

Wir haben aber bei Durchsicht einiger Konzessionsurkunden eine von den Bestimmungen des Kleinbahngesetzes abweichende Feststellung gemacht. In den für Gemeinden ausgestellten Konzessionsurkunden wurde nämlich die Bildung von Fonds gefordert, so z. B. in der Konzessionsurkunde der Stadt Perleberg vom 7. 7. 81 für Bau und Betrieb der Nebenbahn Wittenberge/Perleberg, ebenso in der Urkunde des Kreises Meppen vom 8. 8. 93 für Bau und Betrieb der Nebenbahn Meppen/Haselünne, bei einer Erweiterung der Bahn ist dann in der Urkunde vom 8. 6. 09 eine Erhöhung der Fonds verlangt worden.

III. Das Normalbuchungsformular.

A. Grundsätzliche Stellungnahme zu der Frage, ob das System der „gehobenen Kameralistik“ für die Rechnungslegung bei Klein- und Privatbahnen geeignet ist und ob das Normalbuchungsformular ggf. als Grundlage hierfür dienen kann.

Vorbemerkung:

Wie bereits erwähnt, ist den Privateisenbahnen und nebenbahnähnlichen Kleinbahnen die Anwendung des Normalbuchungsformulars nunmehr allgemein vorgeschrieben. Es wurde bereits in den 90er Jahren vom früheren Reichseisenbahnamt für die deutschen Eisenbahnen als Grundlage für die Kassenbuchungen und Statistik herausgegeben. Während sich die Reichsbahn seit 1930 für ihre Rechnungslegung der mehr betriebswirtschaftlichen Grundsätzen entsprechenden Dienstvorschrift über die Fortbildung der Buchungsordnung (Fobu) bedient, wird bei den privaten Eisenbahnen das alte kameralistische Normalbuchungsformular mit einigen unwesentlichen Änderungen heute noch benutzt. Die sich nach ihm ergebenden Abschlußzahlen werden teilweise für die große seit 1933 wieder aufgestellte Reichsstatistik der privaten Eisenbahnen verwandt. Die privaten Bahnen müssen daher neben Bilanz, Gewinn- und Verlustrechnung noch den Abschluß nach dem NBF aufstellen. Gewiß lehnt sich das Formblatt für die Gewinn- und Verlustrechnung der Eisenbahnen des allgemeinen Verkehrs und der Kleinbahnen nach der ersten Durchführungsverordnung vom 29. 9. 37 zum Aktiengesetz dem NBF sehr eng an, so daß hierdurch ein Teil der Mehrarbeit gespart werden kann, aber da es nach rein kameralistischen Grundsätzen aufgezogen ist, liefert es bei weitem nicht die für den gesetzlich vorgeschriebenen Abschluß notwendigen Zahlen.

Da das Gesetz eine bestimmte Buchhaltungsform nicht ausdrücklich vorschreibt, steht es dem Bilanzierenden frei, sich für die Aufstellung des Abschlusses der Kameralbuchhaltung zu bedienen. Wenn der Abschluß im System der Kameralbuchführung verankert ist, könnte man auch unter dem Gesichtspunkt der Wahrung der Grundsätze ordnungsmäßiger Rechnungslegung keine Einwendungen erheben. Diese Frage bleibt allerdings offen, wenn sich der Abschluß nicht aus dem System ergibt, wie es bei der jetzigen Verwendung des

Normalbuchungsformulars der Fall ist. Die Tatsache, daß der sicherlich weitaus überwiegende Teil der veröffentlichten Bilanzen sowieso nicht die Hauptbuchsalden in ursprünglicher Form wiedergibt, dürfte mit diesen Dingen hier nichts zu tun haben.

Eine rein kameralistische Buchführung mit systematischem Abschluß sieht der doppelten Buchführung mehr ähnlich als dem was man landläufig unter Kameralistik versteht; und es hat einer sehr langen Entwicklung mit Rückschritten, Fortschritten und Irrwegen bedurft, bis sie sich die Grundsätze kaufmännischer Erfolgsberechnung und Vermögensdarstellung, wie sie in der Doppik verwirklicht werden können, schließlich ganz zu eigen machte und die gleichen Ergebnisse zeitigte. Mit dem letzten Schritt, nämlich der Verrechnung von Abschreibungen, der Einbeziehung der Bestandsverrechnungen in das System und der Aufgliederung des Hauptbuches erhielt man die Abschlußmöglichkeit im System. Da im Gegensatz zur Doppik in der Kameralistik jeder Vorgang von der Geldseite her gesehen wird, nun aber Vorgänge zu verrechnen sind, denen keine Geldbewegung zugrunde liegt, greift man hier auf das seit den ersten Anfängen der Kameralistik bekannte Hilfsmittel der „fiktiven Istverrechnung" zurück. Alle diese Dinge geben der sogenannten „gehobenen Kameralistik" als der letzten Stufe der Entwicklung ein etwas gekünsteltes Aussehen. Weiter unten werden wir Gelegenheit haben, auf Einzelheiten einzugehen.

Aus diesen Ausführungen darf nicht gefolgert werden, daß nun die „gehobene Kameralistik" die „Kameralistik" schlechthin darstellt. Die aus den öffentlichen Verwaltungen bekannte Rechnungslegung, die im allgemeinen keine Erfolgsberechnung zum Ziele hat, gilt ebenso als Kameralistik. Wiederum gibt es bekanntlich zwischen der in den norddeutschen und in den süddeutschen Verwaltungen üblichen Form so wesentliche und grundsätzliche Unterschiede, so daß man auch auf der Seite der Darstellung einer reinen Einnahme- und Ausgaberechnung mit dem Ziel der Kassenkontrolle und Ermittlung des Kassenüber- oder -zuschusses durch die Kameralistik, was also ihr ureigenstes Betätigungsfeld ist, zu keiner befriedigenden Begriffsfassung kommt. Überhaupt kann gerade durch die letzte Entwicklungsstufe die Unterscheidung der Kameralistik von einer anderen Buchungsform nicht in dem Ziel oder dem Zweck der Rechnung gefunden werden. Das wesentliche Unterscheidungsmerkmal der Kameralistik von der Doppik liegt in der Betrachtungsweise des einzelnen Geschäftsvorfalls selbst. Der Kameralist sieht jeden Vorgang von der Geldseite oder besser gesagt von der Kassenseite her, während ihn der Kaufmann von der Güter- und Leistungsseite sieht. Nur zur Erläuterung sei vorweg folgendes Beispiel dargestellt. Den Kauf einer Maschine würde der Kameralist nach der gehobenen Kameralistik in dem in Kontenform geführten Hauptbuch, wo wie in der Doppik die Reihenfolge der Einnahmen und der Ausgaben gleichsam zerrissen ist und die letzteren dann kontenweise gegenübergestellt sind, auf der Ausgabeseite, der „rechten Seite", verbuchen; die Abschreibung verbucht er aber auf der „linken Seite" als Einnahmeposten, gewissermassen als Erstattung des Betriebes, der seinerseits denselben Betrag natürlich wieder „ausgibt", so daß sich diese Betriebsbuchungen kassenmäßig wieder ausgleichen, was auch notwendig ist. —

Als ein wesentliches Merkmal der Kameralistik kann noch die Soll-Ist-Verrechnung gelten. Jedoch muß bemerkt werden, daß hier die Auffassungen über das „Soll" wenigstens bei den Verwaltungskameralisten grundverschieden sind. Die norddeutschen verstehen darunter das Haushaltssoll, die süddeutschen eine Schuldigkeit. Wir wollen im folgenden unter „Soll" immer nur die Schuldigkeit verstehen. Aber man kann, wie wir noch sehen werden, manchmal auf das Soll oder wie bei der gehobenen Kameralistik manchmal sogar auf das Ist verzichten, ohne daß wir dann auf einmal etwa keine Kameralistik mehr vor uns hätten. Das Normalbuchungsformular kennt übrigens auch keine Soll-Ist-Verrechnung. Aus dem Gesagten erkennen wir, daß man von der Kameralistik an sich nicht wie von einem System sprechen kann.

Um eine bessere Einsicht in diese dem Kaufmann etwas fernstehenden Dinge zu vermitteln und auch das Zustandekommen der Eisenbahnbilanzen auf der Grundlage des kameralistischen Normalbuchungsformulars verständlich zu machen, halten wir es für zweckmäß'g, einen kurzen geschichtlichen Überblick der Entwicklung der Kameralbuchführung zu geben. Walb [1]) unterscheidet in der geschichtlichen Entwicklung der Kameralistik vier Perioden:

Die erste Periode von den Anfängen bis zur Mitte des 18. Jahrhunderts wird durch den „alten Kameralstil" beherrscht.

Die zweite Periode ist gekennzeichnet durch das Auftreten Puechbergs und Jungs mit ihrer systematischen Durchgliederung ihres kameralistischen Hauptbuches.

Die dritte Periode, eingeleitet durch den „Jäger'schen Unterricht", wurde maßgeblich durch Schrott bestimmt und reichte bis zum Anfang des 20. Jahrhunderts.

Die vierte Periode brachte mit der „gehobenen Kameralistik", in der auf eine aus der Kameralistik selbst abzuleitende Erfolgsrechnung und Bilanz Wert gelegt wird, gewissermaßen den Abschluß der Entwicklung.

In den Anfängen des kameralistischen Rechnungswesens war eine Soll-Ist-Verrechnung nicht bekannt. Im „alten Kameralstil", der ersten Entwicklungs-

---

[1]) Walb, „Die Erfolgsrechnung privater und öffentlicher Betriebe", Berlin-Wien 1926, S. 209.

periode, buchte man nur Istzahlen, registrierte also nur tatsächliche Einnahmen und Ausgaben. Wollte man aber neben der bloßen Kassenkontrolle mit Rechtfertigung über Herkommen der Einnahmen und Verbleib der Ausgaben eine Art Erfolgsberechnung mit dazu notwendiger Periodenabgrenzung erreichen, so mußte man in dem Fehlen der Sollstellung einen empfindlichen Mangel erblicken. So sollte von Lange [2]) gefordert worden sein: Der Rechner muß alles in Einnahme nehmen, was einzunehmen ist, es mag nun eingegangen seyn oder nicht. An manchen Stellen kannte man damals auch schon eine Art Wirtschaftlichkeitsberechnung und zergliederte deswegen die Einnahmen und Ausgaben nach ihren Quellen bzw. Zwecken. Neben der chronologischen hatte man also auch schon systematische Verrechnungen, jedoch nicht immer beide zusammen. Für die Kontrolle der Naturalien führte man von der Geldrechnung völlig getrennte besondere Sachskontren. Die Rechnungsergebnisse waren natürlich wegen des Fehlens der klaren Linie und des Ziels nicht befriedigend, „so daß aus den nachgewiesenen Rechnungsresultaten nur sehr wenige Anhaltspunkte zu zweckmäßigen Veranstaltungen gewonnen werden konnten, da sich die Deduktionen aus diesen Nachweisen häufig als Trugschlüsse erwiesen.“ [3]) So führte man damals an einigen Höfen, vor allem in Österreich und Frankreich, die doppelte Buchhaltung ein. Aber wegen ihrer meist nur rein schematischen Übernahme ohne Anpassung an die besonderen Bedürfnisse der öffentlichen Verwaltung war dieser Versuch von vornherein zum Scheitern verurteilt. Er hatte jedoch den unzweifelhaften Vorteil, daß man aus den Erfahrungen mit der Doppik für die Weiterbildung der Kameralistik grundlegenden Nutzen ziehen konnte

Die zweite Periode mit dem sogenannten „verbesserten Kameralstil“ knüpft wie gesagt an die Namen Puechberg und Jung an. Sie forderten eine feste Verbindung der chronologischen und der systematischen Verrechnung ähnlich wie in der Doppik und zweitens die Gegenüberstellung von „Schuldigkeit“ und „Abstattung“ oder „Soll“ und „Ist“. Während aber Puechberg die strenge Verbindung zwischen chronologischer und systematischer Verbuchung nur bei der Ist-Verrechnung verlangte, wollte Jung diesen Grundsatz auch auf die Sollverrechnung ausdehnen. Es blieb jedoch bei dieser Forderung, die Praxis folgte Puechberg. Diese Neuerungen wurden nur in der Geldverrechnung eingeführt, in der Naturalienverrechnung blieb es bei den einfachen Skontren.

Die Erfolgsberechnung bei Jung stellte sich einfach als eine Gegenüberstellung der Solleinnahmen und Sollausgaben dar. Was nun das Ergebnis

---

[2]) Vgl. Hilling, „Die Kameralistik und ihre Verrechnung des Anlagevermögens“. Diplomarbeit Frankfurt a. M. 1933.

[3]) Klipstein, „Grundsätze der Wissenschaft, Rechnungen vollkommen einzurichten“, Leipzig 1778, S. 37.

daraus für das Vermögen bedeutete, interessierte ihn nicht. Puechberg dagegen benutzte für die Erfolgsberechnung die Gegenüberstellung des Vermögens am Anfang und am Ende des Jahres, allerdings ohne Berücksichtigung des Anlagevermögens. Die Zahlen für diese Inventurbilanzen entnahm er der Buchhaltung (Kasse-einnahme- und -ausgabereste) und den Skontren. Puechberg kam einer Erfolgsberechnung im kaufmännischen Sinne dadurch, daß er die Unterschiede der Naturalienbestände berücksichtigte, etwas näher als Jung. Letzterer hätte logischerweise, wie es später Schrott getan hat, wenigstens nachrichtlich die Endbestände (nach Korrektur gegenüber den Anfangsbeständen) zum Einnahmesoll stellen müssen, da sie ja noch Einnahmen bringen „sollten". Jedenfalls hafteten beiden Erfolgsberechnungen noch erhebliche Mängel durch unrichtige Verbuchung von Darlehnsaufnahmen und Tilgungen ebenso durch Nichtberücksichtigung von Abschreibungen und sonstigen Periodenabgrenzungen aus Mieten, Zinsen u. ä. an. Im voraus bezahlte oder vereinnahmte Mieten oder Zinsen, z. B. konnten doch keineswegs mit dem Soll des Jahres übereinstimmen, in dem diese Zahlungen erfolgten. Puechberg mit seiner Methode der Erfolgsberechnung durch Vergleich der Inventurbilanzen hätte bei der Übernahme der Reste aus dem Hauptbuch hier irgendwelche Korrekturen für notwendig halten müssen, wenn er feststellte, daß mal das Ist größer war als das Soll. Vermutlich änderte man dann nur das Soll, um die Übereinstimmung zwischen Soll und Ist zu erreichen.

Übrigens wäre die Abgrenzung dieser Posten auch im System möglich gewesen. Der Buchführer hätte z. B. bei im voraus gezahlten Zinsen (also Debetzinsen) den die Periode überschießenden Teil wieder zum Einnahmesoll gegenbuchen müssen, um per Saldo die richtige Belastung des Jahres zu erreichen, dann hätte er aber damit einen Einnahmerest erhalten. Den entsprechenden Betrag mußte er in der neuen Periode zum Ausgabesoll stellen, und da er ja schon bezahlt war, auch ins Ist buchen. Nun hätte natürlich die Kasse nicht gestimmt, deswegen war derselbe Betrag auch wieder einzunehmen, wodurch dann der Einnahmerest des alten Jahres ausgeglichen worden wäre.

Wenn die Methode an sich die Feststellung eines einigermaßen befriedigenden Erfolges ermöglicht hätte, aber in Theorie und Praxis nicht erreichte, so lag das an der mangelnden Erkenntnis von der Wirksamkeit des einzelnen Geschäftsvorganges auf den wirtschaftlichen Erfolg und damit auch auf das Vermögen. Der nächste Schritt hätte dann zwangsläufig die Aufgliederung des Hauptbuches, auch schon der Übersichtlichkeit wegen, nach diesen Gesichtspunkten bringen müssen, so ist auch in Wirklichkeit die nächste, die dritte Periode, durch diese Neuerungen charakterisiert. Von der kameralistischen Rechnungslegung wurde damals nach Schrott[4]) als Hauptzweck „die Beurtheilung des Wirtschaftssystems“ und „die Kenntnis seines Erfolges“ gefordert. Demnach wurde die Durchgliederung des Hauptbuches in vier Abteilungen vorgenommen. Schrott kam es in erster Linie auf den Betriebserfolg an, er mußte daher aus sämtlichen vorkommenden Einnahmen und Ausgaben diejenigen herausgreifen, die auf den Betriebserfolg einwirken und alle übrigen, die ohne Einfluß auf ihn waren, von ihm fernhalten. Entsprechend bildete er die erste Abteilung für die „wirksamen zum Wirtschaftserfolg gehörigen Einnnahmen und Ausgaben“. Eine zweite Abteilung wurde gebildet für diejenigen Einnahmen und Ausgaben, „welche mit dem Wirtschaftsbetriebe nicht im ursächlichen Zusammenhang stehen“. Auf den Inhalt dieser Abteilung müssen wir nachher noch genauer eingehen. Die beiden nächsten Abteilungen enthalten Einnahmen und Ausgaben, die auf das Betriebsergebnis oder das Vermögen ohne Wirkung bleiben. Die dritte Abteilung enthält also die Kategorie der sogenannten „wechselbezüglichen“ Rubriken, die vierte Abteilung die der „Verlagsrubriken“. „Bei den wechselbezüglichen Rubriken steht immer mit der verpflichtenden Einnahme eine nachfolgende Ausgabe, mit der berechtigenden Ausgabe eine nachfolgende Einnahme im Zusammenhang“.[5]) Hier werden also die Einnahmen aus Darlehnsaufnahme und die Ausgaben aus Darlehnshingabe o. dsgl. aus Depositen, Kautionen u. ä. verbucht. Auch für die Verbuchung von „Vorschüssen“ werden die wechselbezüglichen Rubriken benutzt. Unter Vorschüssen verstand man damals nichts anderes als vorläufige Einnahmen und Ausgaben, vorläufig deswegen, weil die endgültige Rubrik noch nicht feststand. Die Kameralisten verwenden „Vorschußkonten“ für sehr verschiedene Zwecke, z.B. auch für Materialverrechnung, wie wir noch bei Besprechung des Normalbuchungsformulares sehen werden. Unter „Verläge“ (Abteilung IV) sind bei mehrgliedrigen Wirtschaften die „Geldübergaben aus einer Casse an eine andere Casse dieser Wirtschaft“ zu verstehen. In dieser vierten Abteilung werden auch die „Abfuhren“ aus Überschüssen oder, wie wir heute sagen würden, die Abführungen verbucht.

Während die Abteilungen I und III, man möchte sagen, in ihrer Wirkung auf das Vermögen „rein“ sind, enthalten die Abteilungen II und IV Einnahmen und Ausgaben, deren Wirkung auf das Vermögen nicht einheitlich ist. Die Abteilung II für „wirksame, zum Wirtschaftsbetriebe nicht gehörige Rubriken“ enthält Einnahmen aus Schenkungen, Lotteriegewinne, aber auch Einnahmen aus dem Verkauf von Bestandteilen des Stammvermögens und entsprechende Ausgaben. Die Abteilung IV enthält die Zwischenkredite unter den Gliedern einer mehrgliedrigen Wirtschaft und Gewinnabführung. Es ist nun zweck-

[4]) Schrott Joseph, „Lehrbuch der Verrechnungswissenschaft“, Wien 1886.
[5]) Schrott, a. a. O., S. 100.

los, zwischen den Abteilungen eine Cäsur nach der Erfolgswirksamkeit zu suchen und evtl. wie Hilling eine solche zwischen I und II anzunehmen und damit Schrott einen Fehlgriff in der Ausdrucksweise zu unterstellen, wobei für Abt. II immer nur an das Beispiel des An- und Verkaufs von Anlageteilen gedacht wird. Ähnlich bemängelt auch Walb[6]) die Formulierung bei Jäger, der schon 1810 mit dem bekannten Jäger'schen Unterricht die eigentliche Grundlage zur „gewöhnlichen Kameralistik", dieser dritten Entwicklungsstufe, schuf. Bei näherer Betrachtung der der „gewöhnlichen Kameralistik" eigentümlichen Einteilung sämtlicher Einnahmen und Ausgaben eines Wirtschaftsbetriebes erkennt man, daß nicht das Prinzip der Erfolgswirksamkeit an sich, wie offensichtlich die Vertreter der „gehobenen Kameralistik", also der letzten Stufe, annehmen möchten, sondern daß des betrieblichen Kassenerfolges maßgebend war. Dann besteht nämlich die Bezeichnung „wirksame usw. Rubriken" zu Recht; denn es ist eben in Abteilung II keine Erfolgs-, sondern eine Kassenwirksamkeit gemeint, wobei, wie gesagt, das Erfolgsmoment in der Unterscheidung nach Inner- und Außerbetrieblichkeit eine wichtige Rolle spielt. Wir halten den Hinweis auf diesen Unterschied für sehr notwendig, weil die sogenannte gehobene Kameralistik, auf die wir im einzelnen noch weiter unten eingehen werden, ein ganz anderes Ziel, wenn auch mit kassenmäßigen Mitteln, verfolgt und deswegen u. E. eine Abkehr von der „klassischen" Kameralistik bedeutet.

In der Schrott'schen Betrachtungsweise der Geschäftsvorfälle nimmt die Kasse eine beherrschende Stellung ein, das ganze Buchhaltungssystem ist nach ihr ausgerichtet, jeder Geschäftsvorfall wird als ein Kassenvorgang angesehen, wenn er in Wirklichkeit nicht gegeben ist, wird er als solcher fingiert. Wir erwähnen das Beispiel der Mietzahlung in Form einer Holzlieferung, wobei, weil kein Geld eingegangen ist, ein Holzkauf angenommen wird. Das Schrott'sche System ist wie jedes kameralistische System demnach primär ein Kassenkontrollsystem, erst sekundär soll es mit Hilfe der bekannten Rubrizierung von Einnahmen und Ausgaben eine Erfolgsberechnung ermöglichen. Die Ausgabe für eine Maschine (Abt. II) war Schrott in der Unwirksamkeit auf den Erfolg oder auf das Vermögen, was letzten Endes auf dasselbe hinausläuft, theoretisch völlig klar, denn „eine Ausgabe im Geldvermögen entspricht einer Einnahme im Sachenvermögen." Andererseits erkannte auch Schrott die Wirksamkeit eines Lotteriegewinnes, einer Erbschaft oder die Hingabe eines „freiwilligen Geldbetrages zu einem öffentlichen Zwecke" auf das Vermögen. Wenn wir nun nach dem Gemeinsamen dieser beiden Einnahme- und Ausgabearten suchen, so finden wir erstens die Unwirksamkeit auf den Betriebserfolg, zweitens die Wirksamkeit auf die Kasse. Daraus geht hervor, daß bei Schrott

[6]) Walb, a. a. O., S. 221.

wieder das kassenmäßige Denken den Sieg davongetragen hat, und wenn wir bei Abteilung III mit ihren Darlehnsverrechnungen die Konstruktion von kurzfristiger und langfristiger Kassenwirksamkeit annehmen würden, könnte man eine Darlehnshingabe z. B. als eine auf die Dauer für die Kasse unwirksame Ausgabe ansehen. Diese Hilfskonstruktion könnten wir mindestens mit demselben Recht verwenden wie Schrott eines Fehlers in der Ausdrucksweise bezichtigen.

Untersuchen wir nochmal kurz abschließend das kassenmäßige Denken in seiner Auswirkung auf die Erfolgsberechnung, die wie gesagt, sich auf Abteilung I aufbaut. Wir erwähnten oben das Beispiel von der Mietzahlung in Form einer Holzlieferung. Hier wird bei Unterstellung eines Holzkaufs die wirksame Mieteinnahme durch die wirksame Ausgabe für Holz kompensiert. Ein „Erfolg" tritt demnach gar nicht in Erscheinung. Bei dem früher mehr persönlichen Geschäftsverkehr kamen solche Fälle sicherlich sehr oft vor. Schrott behob, ob mit oder ohne Absicht, mag dahingestellt bleiben, diesen Mangel, indem er das aufgrund der Sollziffern der Abteilung I errechnete Ergebnis durch nachrichtliche Berücksichtigung der Bestandsunterschiede an den Betriebsmaterialien korrigierte. Er war dazu gezwungen, da er in Abteilung I nicht etwa die Aufwendungen, sondern die Ausgaben für Materialien verbuchte. Die Ausgaben für das „Stammvermögen" fanden, wie erwähnt, mit der Verbuchung in Abteilung II ihre Erledigung. Für die Verbuchung der Nutzung dieses Vermögens vonseiten des Betriebes, die in Abteilung I hätte geschehen müssen, war bei Schrott gar kein Raum. Da die Wertabnahme an den Anlageteilen nicht in demselben Grade wie bei den aus kleinen Einzelteilen bestehenden Betriebsvermögen sichtbar in Erscheinung trat und entsprechend festzustellen war, wurde auf die nachrichtliche Berücksichtigung von Abschreibungen überhaupt verzichtet. Abgesehen von der Mangelhaftigkeit des Systems, das das Betriebsergebnis nicht allein aus sich heraus ergab, war das Ergebnis noch unrichtig.

Um die Jahrhundertwende setzte nun die vierte Periode ein, die den systematischen Abschluß mit Bilanz und Gewinn- und Verlustrechnung brachte. Die „gehobene Kameralistik" knüpft vor allem an die Namen Klapdor [7]) und Schneider [8]) an. Es gibt noch eine Reihe anderer Autoren, die sich um diese Rechnungsform verdient gemacht haben. Es würde den Rahmen dieser Arbeit

---

7) Klapdor, „Die kameralistische Buchführung in ihrer einfachen und gehobenen Form", Düsseldorf 1914.

8) Schneider, „Wegweiser durch die gehobene kameralistische Buchführung für die werbenden Betriebe der Staats- und Kommunalverwaltungen", Berlin 1913.

übersteigen, wollte man zu den einzelnen besonders Stellung nehmen. Wir wollen uns auf die Darstellung der allgemeingültigen Merkmale beschränken.

Als erstes fällt rein äußerlich die neue Form des Hauptbuches auf. Die Einnahmen und Ausgaben wurden bei Schrott noch getrennt in zwei verschiedenen Teilen des Hauptbuches verbucht, so daß man hier von einem Einnahme- und einem Ausgabeteil im Hauptbuch sprechen konnte. Im Hauptbuch der „gehobenen Kameralistik“ sind die Einnahmen und Ausgaben kontenmäßig gegenübergestellt. Nach Walb wären die Einnahmen und Ausgaben zweckmäßigerweise in folgende drei Gruppen zu unterteilen:

I. Die für die Periode unbedingt erfolgswirksamen Vorfälle.
II. Die entweder dauernd oder für die Periode teilweise erfolgsunwirksamen Vorfälle.
III. Vorfälle des Leihverkehrs einschließlich der eigenen Kapitalverrechnung.

Abteilung I enthält die Ertrags- und Aufwandskonten, Abteilung II die Bestandskonten. Die Verbuchung von Abschreibungen (vgl. Beispiel auf S. 15), Materialbewegungen, antizipativen und transitorichen Posten bereitet also keine Schwierigkeiten mehr. Die neue Form des Hauptbuchs und die Führung von Bestandskonten bedingen sich gegenseitig. Die Kasse, die bei der Kameralistik der Angelpunkt des Systems ist, tritt hier fast völlig zurück, obwohl man andererseits aber nur fast äußerlich an ihr festhält, indem man jedem Geschäftsvorfall einen Kassenvorgang zugrunde legt, auch wenn er in Wirklichkeit nicht vorliegt. Nur der Geschäftsvorfall, dem ein Kassenvorgang zugrunde liegt, wird einfach gebucht, weil das Gegenkonto eben die Kasse ist; wo letzteres aber nicht der Fall ist, muß hier der Betrag nicht nur doppelt, sondern vierfach verbucht werden, nämlich zuzüglich der beiden fiktiven Kassenbuchungen. Deswegen will Schneider, um das Kassenbuch zu entlasten, die fiktiven Kassenverrechnungen gesondert erfassen. Das bedeutet nichts anderes als ein kaufmännisches Journal einführen.

Die Frage der Arbeitsersparnis bei der Doppik oder der Kameralistik ist nur von Fall zu Fall zu entscheiden. Sie steht sicherlich bei kleinen Gemeindebetrieben, deren Rechnung bei der Stadtverwaltung geführt wird, außer Diskussion. Wir haben aber den Eindruck, als wenn von den Kameralisten übersehen würde, daß z. B. bei 50 Postscheckzahlungen das Postscheckkonto nur einmal und nicht etwa 50 mal belastet oder erkannt wird, wenn man sagt, daß jeder Vorgang doppelt verbucht wird. Überhaupt sollte man den Äußerungen von Kameralisten gegenüber der Doppik wie vielleicht auch umgekehrt ein gewisses Mißtrauen entgegenbringen. Wir finden nämlich bei Klapdor [9]) auf

[9]) Klapdor, a. a. O.

S. 64 die Bemerkung, daß das Kontokorrent ein zur Vermeidung (!) der Barzahlungen eingeführtes Verrechnungssystem ist. Bei weiterer kritischer Betrachtung der gehobenen Kameralistik finden wir z. B., daß die Erfassung der Forderungen gewissen Schwierigkeiten begegnet. Bei den Bestandskonten können nämlich die Reste neben Forderungen auch noch nicht verbrauchte Güterbestände enthalten. Wir könnten noch einiges zu den einzelnen Abschlußtechniken sagen, es würde jedoch zu weit führen. Wir wollen uns mit der nur allgemeinen Feststellung begnügen, daß keine der Techniken die Reibungslosigkeit besitzt und den Grad der Sicherheit erreicht, wie er der Doppik innewohnt.

Im ganzen ist zu sagen, daß die kameralistischen Formen durch die kassenmäßige Betrachtung der Geschäftsvorgänge sehr stark belastet sind. Die Doppik mit der Registrierung von Güterbewegungen, wobei die Kasse in dem gleichen Range wie jedes andere Wirtschaftsgut steht und ebenso wie diese ein eigenes Konto erhält, ist viel beweglicher einfach deswegen, weil sie den wirklichen Gegebenheiten entspricht. Der Wirtschaftserfolg schlägt sich nicht in der Kasse allein, sondern in allen Gütern nieder. Dem trägt die Doppik Rechnung, ohne zu irgendwelchen Kunstgriffen gezwungen sein. Die Verwendung des Normalbuchungsformulars als Grundlage für einen Ausbau zu einem System der „gehobenen Kameralistik" kann aus diesen grundsätzlichen Erwägungen heraus niemals infrage kommen. Die Kenntnis von der „gehobenen Kameralistik" wegen der halbgütermäßigen Denkweise kann niemals aus der Kameralistik allein, sondern sie kann nur über die Doppik gewonnen werden. Deswegen können wir auch aus personalpolitischen Gründen die Einführung einer gehobenen Kameralistik bei Eisenbahnbetrieben nicht gutheißen.

Zur eindeutigen Klärung der oben aufgeworfenen Frage, die wegen der kameralistischen Denkweise der Eisenbahnverwaltungen und ihrer Aufsichtsbehörden u. E. sehr akut sein kann, hielten wir die etwas weitschweifigen Ausführungen für zweckmäßig.

B. Das Normalbuchungsformular als Abschlußgrundlage und Betriebsrechnung.

Das Normalbuchungsformular (NBF) stellt für die privaten Eisenbahnen Deutschlands gewissermaßen einen Einheitskontenplan dar, und man muß trotz aller ihm anhaftenden Mängel zugeben, daß mit ihm in der Vereinheitlichung der Rechnungslegung eines großen Sektors der deutschen Wirtschaft Beispielgebendes geleistet worden ist. Auf den ersten Blick erkennt man in dem ersten Teil des NBF die Abstellung auf den Betrieb mit dem Zweck der Kassenkontrolle und dem Ziel des kassenmäßigen Überschusses.

Der zweite Teil der Rechnung, die Rechnung des Eisenbahnbaues, hat, wie die Bezeichnung schon sagt, besondere Bedeutung beim Bau der Eisenbahn und bleibt insoweit auch von Bedeutung für die Fortführung der Bahn, als man aus ihm die Zahlen des Anlagevermögens entnimmt. Die Gliederung ist soweit durchgeführt, daß der Bilanzausweis nach dem Formblatt ohne Schwierigkeiten hieraus vorgenommen werden kann. Es muß aber hier betont werden, daß nur bei wenigen der von uns durchgesehenen Bilanzen die Gliederungsvorschriften erfüllt waren. Sogar die Bilanzen bekannter Bahnen wie die der Lübeck-Büchener Eisenbahn-Gesellschaft weisen diese Mängel auf. Die Anlageziffern bleiben alle Jahre hindurch unverändert außer bei Erweiterungen und Stillegungen oder sonstigen schwerwiegenden Veränderungen, wie z. B. Verstärkung des Oberbaues durch dichtere Schwellenlagen oder stärkere Profilwahl, Spurerweiterungen, schließlich Neuanschaffungen von Betriebsmitteln.

Die Kosten der Aufrechterhaltung der vorhandenen Kapazität, wenn man so will, gehen zulasten des sogenannten Erneuerungsfonds. Aus ihm werden aber nur die Erneuerungen am Oberbau und am rollenden Material finanziert. Für die Erneuerung an den anderen Anlageteilen bestehen von Eisenbahnseite keine besonderen Vorschriften. Auf die Diskrepanz, die sich bei Verwendung eines Erneuerungsfonds mit den handelsrechtlichen Bewertungsvorschriften ergeben müssen, kommen wir in einem besonderen Teil zu sprechen, ebenso auf die Dotierungen und die Entnahmen. Hier wird nur noch auf die schon bei Schrott festgestellte scharfe Trennung des Kameralisten zwischen Anlage und Betrieb hingewiesen. Wir wissen, daß Schrott diese Trennung im Hauptbuch zum Ausdruck brachte. Im NBF finden wir auch eine besondere Rechnung des Erneuerungsfonds, die in gewissem Sinne der Schrott'schen Abteilung II entspricht. Im Erneuerungsfonds werden also die Mittel für künftige Beschaffungen zur Aufrechterhaltung des Betriebes vorgesammelt. Wir halten diesen Hinweis deswegen für notwendig, weil sich die Kameralisten dagegen wehren, den in der kaufmännischen Bilanz passivisch ausgewiesenen „Erneuerungsfonds" mit dem aktivisch ausgewiesenen Anlagevermögen bewertungsmäßig in Beziehung zu bringen. Für die angesammelten Mittel gab es früher bestimmte Anlegungsvorschriften, die heute praktisch aufgehoben sind. Wir kommen noch darauf zurück. Übrigens ist auch im Bilanzformblatt nach der ersten DurchfVO zum Aktiengesetz ein Posten mit einer entsprechenden Bezeichnung nicht vorgesehen Die Dotierung des Erneuerungsfonds erfolgt aus dem Betriebsüberschuß, also reihenmäßig unmittelbar nach der Errechnung des Überschusses der Betriebseinnahmen über die Betriebsausgaben und vor „Verwendung des Überschusses" — (vgl. Anlage 1). Die Dotierung trägt demnach ähnlich wie die Abschreibung Aufwandcharakter. Dieser wird noch in einem besonderen Erlaß des Reichsverkehrsministers vom 1. 3. 33 — E 14 141 12/33 — unterstrichen, wo es heißt, daß die vorgeschriebenen oder notwendigen Zuweisungen an die einzelnen Fonds in Ziffer 7 auf der Seite der Aufwendungen (vgl. Formblatt nach der zweiten DurchfVO 20. 12. 1932 zur Aktienrechtnovelle) v o r der Feststellung des Reingewinns zu geschehen haben. Der Spezialreservefonds,[10]) der für Schäden durch Naturereignisse oder andere Unglücksfälle vorgesehen ist, ist ebenso eingereiht, obwohl er, wie wir noch sehen werden, den Charakter von Zusatzkapital hat. Die Bestände des Spezialreservefonds werden nach NBF wie die des Erneuerungsfonds in einer besonderen Rechnung kontrolliert.

In der Anmerkung zur Rechnung des Erneuerungsfonds finden wir die Bestimmung, daß sämtlich hier zu verbuchende Ausgaben sowie die Einnahmen aus Altmaterial auch in der Betriebsrechnung (I) unter den entsprechenden Titeln zu erscheinen haben.[11]) Nur die Zinseinnahmen gehen nicht über die Betriebsrechnung. Da nun die vorher genannten Einnahmen und Ausgaben nicht doppelt gebucht werden dürfen, verrechnet man sie unter Abschluß II mit den dort erscheinenden Konzessions- und statutenmäßigen Rücklagen. Mit dieser Verbuchungsweise wollte man vielleicht der Praxis entgegenkommen, die manchmal erst nach der Fertigstellung irgend einer Arbeit Überlegungen anstellt, was nun Erneuerung und was Unterhaltung, also Sache des Betriebsfonds ist. Der Geschlossenheit des Systems zufolge müssen die Einnahmen auf Erneuerungsfonds ebenso wie die Ausgaben in voller Höhe erscheinen (vgl. Schema Anmerkungen zu Nr. 1 und 2, bei Rechnung des Erneuerungsfonds). Das entsprechende gilt für die Rechnung des Spezialreservefonds.

Vom Standpunkt der Abschlußklarheit und -übersichtlichkeit muß ein Mangel darin gesehen werden, daß in den Titeln VI und VII der Abt. II, „Sachliche Ausgaben" (Unterhaltung, Erneuerung und Ergänzung der baulichen Anlagen und Unterhaltung, Erneuerung und Ergänzung der Fahrzeuge und der maschinellen Anlagen) Unterhaltungskosten und Erneuerungskosten zusammen ausgewiesen sind, auch das neue Formblatt für die Gewinn- und Verlustrechnung nimmt hier keine Trennung vor. Auch vom betrieblichen Standpunkt ist hier eine Abgrenzung zu fordern. Wir wissen, daß Erneuerungen in kaufmännisch geleiteten Betrieben aktiviert werden, um dann auf dem Wege der Abschreibung der Gewinn- und Verlustrechnung belastet zu werden, während die Unterhaltungskosten sofort über Gewinn- und Verlustrechnung abgebucht werden. Es bedarf eigentlich keiner Begründung für diese Verbuchungsweise. Wir kommen

---

[10]) Im neuen Bilanzformblatt ist ein entsprechender Posten seltsamerweise nicht mehr vorgesehen.

[11]) Vgl. auch „Allgemeine Vorschriften für die Anwendung des NBF" II und V.

auf die Verschiedenartigkeit des Charakters dieser beiden Kostenarten noch in anderem Zusammenhang zu sprechen.

In dem Ausweis der Erneuerungsausgaben nach dem G. u. V.-Formblatt der 2. DurchfVO zur Aktienrechtsnovelle vom 20. 12. 1932 trat insoweit eine Schwierigkeit auf, als unter den Belastungen einmal die Zuweisungen zum Erneuerungsfonds (X) und zum andern die Erneuerungsaufwendungen unter I, 4 aufzuführen waren. Es war nirgendwo angegeben, daß die Entnahmen aus dem Erneuerungsfonds auch auszuweisen seien. Die Praxis verfuhr so, daß sie die Aufwendungen für Erneuerungen entgegen den Bestimmungen des NBF nicht über die Betriebsrechnung laufen ließ, demzufolge wurden sie auch nicht unter I, 4 in der G. u. V.-Rechnung ausgewiesen. Dieses Verfahren wurde dann durch den Erlaß des Reichsverkehrsministers vom 1. 3. 33 — E 14 141 12/33 Nr. 9 — betr. Jahresabschluß der Privatbahnen sanktioniert. Es heißt dort, daß die Einnahmen und Ausgaben zugunsten oder zulasten des Erneuerungsfonds oder Spezialreservefonds nicht in die in der Gewinn- und Verlustrechnung anzugebenden Betriebseinnahmen und -ausgaben einzubeziehen sind. Abgesehen davon, daß dieser Erlaß wenigstens bezüglich der Einnahmen (z. B. Erlös von Altstoffen) den Grundsätzen ordnungsmäßiger Buchführung und Bilanzierung widerspricht, ist hier auf die Bestimmungen des NBF und das G. u. V.-Formblatt nicht bezuggenommen.

Das neue G. u. V.-Formblatt nach der 1. DurchfVO zum Aktiengesetz vom 29. 9. 37 verlangt nun unter „Außerordentliche Erträge" (VI) auch den Ausweis solcher Beträge, die durch die Auflösung des Erneuerungsstocks gewonnen sind. Das neue Formblatt steht nunmehr mit den Bestimmungen des NBF im Einklang.

In den „Allgemeinen Vorschriften" Abschnitt VI „Behandlung der neuen Materialen" findet sich eine Bestimmung, wonach die Möglichkeit der Verwendung von sogenannten Vorschußkonten für die Materialverrechnung gegeben ist. (Die Verwendung von Vorschußkonten für bestimmte Zwecke entspricht kameralistischer Gepflogenheit, sie dienen den bereits bekannten „wechselbezüglichen Verrechnungen", vor allem auch von Periode zu Periode.) Da nach derselben Vorschrift „dem Rechnungsjahr nur diejenigen Geldwerte für Materialien zur Last fallen dürfen, die tatsächlich verbraucht wurden," bedeutet die Einrichtung von Vorschußkonten für den bei einem ordnungsgemäßen Abschluß unbedingt notwendigen Ausweis von Aufwendungen statt Ausgaben eine große Erleichterung. Man kann sonst den am Schluß des Jahres festgestellten Materialbestand von den Ausgaben absetzen, um ihn in der Rechnung des neuen Jahres wieder in Ausgabe zu stellen. Es kommt natürlich auf dasselbe Ergebnis heraus, wie wenn man mit Schrott nur den Bestandsunterschied zweier

Perioden am Ende summarisch bei den Ausgaben berücksichtigt, also einen Mehrbestand zu- und einen Minderbestand absetzt. Man macht aber in überwiegendem Maße von der Verwendung von Vorschußkonten Gebrauch und überträgt dann aus ihnen „die Beträge für die im Laufe eines Rechnungsjahres verwendeten Materialien am Jahresschluß summarisch in die Betriebsrechnung". Der so errchnete Betriebsüberschuß ist kein kassenmäßiger mehr, sondern kommt einem kaufmännisch errechneten Ergebnis schon näher.

Wir sehen aber, wie in solchen Dingen die Doppik ihre Methoden dem Kameralisten, der einen kaufmännischen Abschluß aufstellen muß, aufzwingt, wenn sie auch nicht formgerecht angewandt werden. Der Kameralist kennt also die verschiedenartige Wirkung von Ausgaben und Aufwendungen auf den Betriebsüberschuß. Er trägt aber in der Hauptbuchhaltung nur dem ersteren Rechnung, während er das letztere trotz seiner anerkannten größeren Wichtigkeit nur nachrichtlich vermerkt. Nirgendwo finden wir im NBF eine Bestimmung über eine Verbuchung bei der Entnahme der Materialien vom Lager im Augenblick der Erneuerung. Die im allgemeinen viel früher liegende Ausgabe beim Einkauf, also der Kassenvorgang selbst ist es, die den Kameralisten vorwiegend interessiert. Der kaufmännisch buchende Unternehmer trägt ganz richtig beiden Vorgängen gleich Rechnung: Im Augenblick des Einkaufs bucht er den Kassenvorgang und im Augenblick der Erneuerung den Gütervorgang, wobei der Kassenvorgang für ihn in Wirklichkeit auch nichts anderes als ein Gütervorgang ist.

Der Ausweis des passiven Erneuerungsstocks muß unter diesen Gesichtspunkten kritisch betrachtet werden. So dürfen die Entnahmen nicht zur Zeit des Materialankaufs, sondern müssen erst zur Zeit des Einbaues dieser Materialien verbucht werden. Sonst würde der Fall eintreten, daß die Höhe des aktiven Fonds — vielfach sind solche Fonds noch vorhanden und werden, obwohl im Bilanzformblatt nicht vorgesehen, doch ausgewiesen — mit der Höhe des passiven Fonds nicht übereinstimmt. Sie sollen es aber, und tun es vielfach auch. Man weist dann einfach die Erneuerungsmaterialen in einer Vorspalte zum Erneuerungsfonds als zu diesem gehörige Stoffvorräte aus.

Die Verwendung von Vorschußkonten ist natürlich auch bei der Erfassung der Betriebsstoffe, also Brenn-, Schmier-, Putz- und sonstige Materialien, vorgesehen. Dadurch wird auch hier den kaufmännischen Erfordernissen bezüglich des Ausweises von Aufwendungen anstatt Ausgaben, wenn auch wiederum nur nachrichtlich, Rechnung getragen. Bei dem neuen Formblatt für die G. u. V.-Rechnung fällt gegenüber dem alten auf, daß die Kosten für die Beschaffung der Betriebsstoffe gesondert auszuweisen sind, das NBF sieht für diesen Posten eine besondere Unterposition vor (Titel V, 2, 2).

Wir müssen im allgemeinen annehmen, daß wegen der völlig anders gearteten Denkweise in der Kameralistik wie in der Doppik sowie wegen der unklar gehaltenen Buchungsvorschriften (vgl. oben erwähnten Erlaß vom 1. 3. 33) bei einem großen Teil der Eisenbahnverwaltungen nicht die notwendige Klarheit über diese Dinge herrscht. Es ist deshalb mit größter Vorsicht an die Eisenbahnbilanzen heranzugehen, zumal sie bekanntlich nicht von öffentlich bestellten Wirtschaftsprüfern, sondern von den kameralistisch orientierten Beamten der Aufsichtsbehörde geprüft werden.

Bei Ermittlung von Bilanzzahlen, für die das NBF eine besondere Rolle spielt, treten noch Schwierigkeiten bei Forderungen und Verbindlichkeiten aufgrund von Lieferungen und Leistungen auf. Es ist zunächst zu erinnern, daß das NBF überhaupt keine Spalten für Soll und Ist aufweist und auch das in der Praxis verwendete „Hauptbuch" kennt keine Soll-Ist-Verrechnung. Das NBF ordnet aber in Abschnitt III der Allgemeinen Vorschriften unter „Verhältnis des laufenden Jahres zu früheren oder späteren Jahrgängen" an, daß die „Buchung jeder Eisenbahnverwaltung die Einnahmen und die Ausgaben des laufenden Jahres ersichtlich machen muß, und zwar sowohl die bereits kassenmäßig geordneten als auch die aus dem laufenden Jahre herrührenden, aber noch nicht zu wirklichen Ein- und Auszahlungen gelangten Summen, soweit diese dem Grunde nach feststehen". Noch nicht feststehende Beträge sind nach Schätzung einzustellen. „Die sich gegen diese Schätzung etwa später ergebenden Unterschiede sind in dem Jahre zur Berechnung zu bringen, in dem sie festgestellt worden sind. Dasselbe ist der Fall bezgl. solcher Einnahmen und Ausgaben, die aus den Vorjahren zwar herrühren, aber erst später bekannt geworden sind." Die Verwaltung der Einnahmen- und Ausgabenreste muß also wegen des Fehlens der Soll-Ist-Verrechnung in einer besonderen Rechnung vorgenommen werden. Hier ist eine Vorschrift aus Abschnitt II Allgemeine Vorschriften (Umfang der Buchung) zu erwähnen, wonach „solche Kosten, die lediglich für Rechnung Dritter unmittelbar aufgewendet und mit den verauslagten Beträgen erstattet werden," bei den Vorschüssen (fremden Geldern) zu verausgaben und auch dort wieder zu vereinnahmen sind; ähnlich, also außerhalb der Betriebsrechnung, werden die der Verwaltung nur vorübergehend gegebenen Gelder z. B. Kautionen behandelt. Im allgemeinen ist bei Eisenbahnen der Kontokorrentverkehr nicht schwer zu übersehen. In überwiegendem Maße erstreckt er sich nur auf den Verkehr mit einigen wenigen Partnern, nämlich mit der Reichsbahn im Abrechnungsverkehr (dieser ist allerdings umfangreich und kompliziert) ggf. mit der betriebsführenden Gesellschaft und vielleicht noch mit einigen wenigen Lieferanten.

Dem Kameralisten ist von Hause aus der Ausweis von Resten, seien es

Einnahme- oder Ausgabereste, nicht willkommen. Von seinem Standpunkt hat er durchaus recht, er muß dann zur Ermittlung des Kassenüberschusses ihm unangenehme Hilfsrechnungen anstellen. Das in der Kameralistik beinahe als stereotyp anzusehende „5. Vierteljahr' ist hinreichend bekannt. Eine „Kammer" mit gut arbeitender Mahnabteilung bringt es dann auch manchmal zum „13. Monat". In solchen Fällen führt man ein Vierteljahr oder einen Monat lang zwei Geschäftsjahre nebeneinander. So ist es sogar bei bestbekannten Eisenbahnverwaltungen üblich, das Geschäftsjahr erst dann abzuschließen, wenn wenigstens erst alle Verpflichtungen bezahlt sind; auf ihre Regulierung hat man naturgemäß mehr Einfluß als auf die der Forderungen. Von einem stichtaggerechten Abschluß kann dann also keine Rede mehr sein. Der Ausweis der Zahlungsmittel sowie der Forderungen und Verbindlichkeiten zum Abschlußtag ist nicht richtig, das muß man im Zweifel bei jeder Eisenbahnbilanz von vornherein annehmen.

Ähnliche Fragen treten bei den Rechnungsabgrenzungsposten auf. In dem besagten Abschnitt III der Allgemeinen Vorschriften über Verhältnis des laufenden Jahres zu früheren und späteren Jahrgängen ist wohl auf die sogenannten Zuwenigverrechnungen, also die noch zu tätigenden und zu buchenden Einnahmen und Ausgaben hingewiesen, aber nicht auf die sogenannten Zuvielverrechnungen, also die bereits getätigten und schon verbuchten Einnahmen und Ausgaben, die erst das nächste Jahr betreffen. Im allgemeinen sind die Kameralisten der Praxis in der Behandlung dieser Fragen sehr großzügig. Allerdings wirkt dem der bereits erwähnte Erlaß des Reichsverkehrsministers vom 1. 3. 33 entgegen, wonach „die Einnahmen und Ausgaben (Mieten, Pächte, Zinsen), ungeachtet, ob sie im alten oder neuen Geschäftsjahr anfallen, tunlichst genau dem Jahre gutgeschrieben und angelastet werden müssen, dem sie wirtschaftlich angehören."

Einige Bahnen haben eigene Hilfskassen, also Unterstützungsfonds. Hier treten bei Verrechnungen von Zahlungen und Zuweisungen für den Abschluß keine Schwierigkeiten auf, weil „die Ausgaben der Hilfskassen für Beamte und Arbeiter nur in der Sonderverrechnung dieser Kassen erscheinen, während die Zuschüsse als Betriebsausgaben unter Titel IV, Pos. 2, 3 und 5 verrechnet werden. Für die zu veröffentlichende Gewinn- und Verlustrechnung sind also die entsprechenden Beträge aus der Betriebsrechnung herauszunehmen und unter Zuweisungen an freie Rücklagen (X, 2) auszuweisen. In dem früheren Formblatt war dafür ein besonderer Posten unter VII „Zuweisungen an den Unterstützungsfonds" vorgesehen.

Weitere in der Bilanz oder Gewinn- und Verlustrechnung zu veröffentlichende Zahlen sind im allgemeinen aus der Betriebsrechnung nach NBF nicht zu entnehmen. So ist hier naturgemäß nichts gesagt über Abschreibungen, welche die Bahnen nach dem Aktiengesetz auf die Anlagen vornehmen müssen, für deren Erneuerung kein besonderer Stock angesammelt wird, also vor allem bei Verwaltungsgebäuden, Werkstätten, Maschinen, Wohnungsgebäuden u. ä. In dem Formblatt für die G. u. V.-Rechnung ist der verschiedenartigen Behandlung dieser beiden Anlagegruppen Rechnung getragen. Die Einnahmen und Ausgaben, die nach den besonderen Eisenbahnbestimmungen und nach NBF noch zu veröffentlichen sind, wie Subventionen, Erträge aus anderen Betrieben, erlassene Beförderungssteuer oder Zinsen, Steuern, Tilgungen, außergewöhnliche Rücklage usw. werden in einer besonderen Buchhaltung bei größeren Bahnen nach dem System der Doppik verbucht und nachher unter „Abschluß III" oder bei den vier zuletzt genannten Ausgabearten unter „Verwendung des Überschusses" entsprechend nachrichtlich vermerkt. Hierbei ist zu erwähnen, daß Tilgungen von Fremdkapital gleich wie die anderen Ausgaben nach kameralistischer Gepflogenheit als Aufwand in der Gewinn- und Verlustrechnung erscheinen. Ihnen kommt somit Abschreibungscharakter zu. Im Formblatt ist ein entsprechender Posten natürlich nicht vorgesehen.

Die Abschlußtechnik im ganzen betrachtet ist wenig befriedigend. Wir haben bereits darauf hingewiesen, daß es wegen der Überschneidung von Anschauungen, Grundsätzen und Techniken an der notwendigen Einheitlichkeit fehlt. Von einem systematischen Abschluß kann deswegen natürlich keine Rede sein. Der Abschluß ergibt sich mehr oder weniger aus einem Zusammentragen, Aufgliedern und Wiederzusammenfassen von Zahlen unter Absetzungen und Zusetzungen, alles Tätigkeiten, die eher bei Statistiken vorgenommen werden als bei einem kaufmännischen Abschluß. Die Rechnung nach NBF hat natürlich als Betriebsrechnung den weitaus größeren Anteil an dem im Jahre anfallenden Buchungsstoff zu bewältigen. So ist es nicht verwunderlich, daß man dem NBF eine weitaus größere Bedeutung beimißt als den wenigen nicht den Betrieb direkt betreffenden Buchungen. Ein Grund mit für diese Haltung des Buchführenden wird sicher darin liegen, daß das NBF die Einnahmen und Ausgaben sehr weitgehend rubriziert, womit der Mentalität des Verwaltungsbeamten sehr entgegengekommen wird. Alles das, was nicht so unbedingt gilt und haargenau festgelegt ist, wird oft leichtfertig behandelt.

Als Grundbedingung für die Beseitigung dieses unbefriedigenden Zustandes muß ein einheitliches geschlossenes System, eben das der doppelten kaufmännischen Buchhaltung gefordert werden, in dem sowohl die Betriebs- als auch die Geschäftsbuchführung vereinigt ist. Auch in den kleinsten Betrieben ist dieses System anwendbar und nicht unpraktisch. Dabei könnte die Kontierung in der Betriebsbuchführung z. T. nach den Einnahme- und Ausgabepositionen des

NBF vorgenommen werden. Wir wissen, daß, wenigstens was die Vorschriften betrifft, die Zurechnung von Einnahmen und Ausgaben zu den sie angehenden Geschäftsjahren geregelt ist. Diese Forderung könnte in einer doppischen Rechnungslegung viel besser erfüllt werden als in dem zur Zeit angewandten Mischsystem. Auch für die Statistik werden nicht Einnahmen, sondern in Wirklichkeit Leistungen verlangt und nicht Ausgaben, sondern Aufwendungen, nachträgliche Korrekturen wären nicht mehr notwendig.

Eine andere Frage ist es allerdings, ob das NBF mit seiner Positioneneinteilung als Betriebsrechnung gerade geeignet ist; das kann im großen und ganzen nur von der Einnahmeseite angenommen werden, wobei vielleicht noch einige Zusammenfassungen bzw. Aufgliederungen zu empfehlen wären. Bei den Einnahmen aus Personenverkehr wäre interessant zu wissen, welche aus Verkauf von Einzelkarten und Zeitkarten herrühren, weiter aus dem Verkauf von vollbezahlten und ermäßigten Karten. Daneben kann der Ausweis der Einnahmen aus Gestellung von Sonderwagen und Ausflugsverkehr beibehalten werden. Wenn eine weitergehende Aufgliederung notwendig wäre, könnte diese statistisch vorgenommen werden, wobei aber auf die Möglichkeit der Abstimmung zwischen den Zahlen der beiden Systeme Wert gelegt werden muß.

Die Positionengliederung auf der Ausgabeseite ist dagegen grundlegend zu ändern. Die in kameralistischen Rechnungen immer wieder zu findende Einteilung nach „Persönlichen Ausgaben" und „Sachlichen Ausgaben" wird betriebswirtschaftlichen Erfordernissen nicht gerecht. So sah man sich schließlich auch beim NBF benötigt, dieses Prinzip zu durchbrechen. Bei näherem Zusehen stellt man nämlich fest, daß die Trennung von „Persönlichen Ausgaben" und „Sachlichen Ausgaben" nicht durchweg aufrechterhalten ist, sondern daß man unter den sachlichen Ausgaben auch persönliche findet. Im neuen Formblatt der G. u. V.-Rechnung wurden gegenüber dem alten zwar die Gruppenbezeichnungen Persönliche und Sachliche Ausgaben ausgemerzt und dadurch Unrichtigkeiten vermieden, aber den Gliederungsvorschriften für die Gewinn- und Verlustrechnung nach § 132 Aktiengesetz ist man nicht gerecht geworden. Hiernach müssen nämlich sämtliche anfallenden Löhne und Gehälter ausgewiesen werden. Im neuen Formblatt findet der Ausweis von Löhnen in Anlehnung an das NBF an mehreren Stellen statt, und sie verschwinden daher z. T. unter anderen Positionen. Die Löhne und Gehälter müßten, wie bei anderen Unternehmungen, wenn nicht in der Hauptspalte, dann wenigstens nachrichtlich in voller Höhe und in 2 besonderen Posten ausgewiesen werden. Es handelt sich um die Löhne der Bahnunterhaltungsarbeiter und der Werkstättenarbeiter, die im NBF unter Titel VI bzw. Titel VII aufgeführt sind (vgl. G. u. V.-Formblatt I, 4). Nach den Anmerkungen zu Titel VI sind zu den Bahnunterhaltungsarbeitern auch diejenigen Arbeiter zu rechnen, „die bei der Unterhaltung der Telegraphenanlagen, bei den Schwellentränkungsanstalten, den eigenen Kiesgewinnungsbetrieben, sowie bei der Annahme, Magazierung und Verausgabung der Oberbau- und Baumaterialien beschäftigt werden". Übrigens müssen für die Reichsstatistik bei den Angaben auch wieder Korrekturen gemacht werden. Es ist deshalb zu empfehlen, die Kostenaufgliederungen nach anderen, und zwar nach betriebswirtschaftlichen Gesichtspunkten vorzunehmen.

Es kann nicht unsere Aufgabe sein, im Rahmen dieser Arbeit einen vollständigen Kontenplan zu entwerfen, wir wollen uns daher auf die Darlegung von Gesichtspunkten allgemeinerer Art beschränken. Wir halten uns dabei im wesentlichen an die Ausführungen, die in einem Gutachten der Wirtschaftsberatung Deutscher Gemeinden A.G. zu einem Kontenplanentwurf für einen norddeutschen Verkehrsbetrieb gemacht worden sind.

Das Rechnungswesen eines Verkehrsbetriebes hat vor allem folgenden Zwecken zu dienen: der Betriebskontrolle, der Tarifpolitik, der Anlagenpolitik und der Aufstellung des Jahresabschlusses, wobei der Betriebskontrolle die herrschende Stellung zukommt. Den beiden nichtperiodisch auftretenden Zwecken, der Tarifpolitik und der Anlagenpolitik, werden leicht die für sie notwendigen Zahlen bereitgestellt werden können, wenn nur der Kontenplan den Forderungen der Betriebskontrolle genügt. Die für den Jahresabschluß geltenden Gesichtspunkte können denen der Betriebskontrolle zum mindesten nicht entgegenstehen, wenn sie sich auch nicht vollständig miteinander decken. So wird das Formblatt für die G. u. V.-Rechnung der Straßenbahnen, Linienverkehrsunternehmen und der Güterkraftsunternehmen nach der gleichen oben bereits zitierten DurchfVO zum Aktiengesetz betriebswirtschaftlichen Erfordernissen schon eher gerecht.

Entsprechend ist als Wichtigstes zunächst die Trennung von Betriebs- und Unterhaltungsaufwendungen [12]) vorzunehmen. Da bei Eisenbahnbetrieben eine der in der verarbeitenden Industrie entsprechende Kostenrechnung nicht notwendig ist, besteht auch kein Grund, die Gemeinkosten zum mindesten nicht in der laufenden Rechnung auf die einzelnen Betriebsteile umzulegen, zumal jeder Umlegung etwas Willkürliches anhaftet und ohne ihr das Kostenbild deutlicher und klarer ist. Sie sind also auch beim Abschluß gesondert auszuweisen, wie schon im Formblatt für Straßenbahnen usw. vorgesehen. Es handelt sich hier um Verwaltungskosten, Zinsen, Besitzsteuern, Abschreibungen u. ä. Nur die Gemeinkosten der Ausbesserungswerkstätten wären umzulegen.

Für die Unterscheidung von Betriebskosten und Unterhaltungskosten ist festzustellen, daß die Betriebskosten unmittelbar vom Umfang der Verkehrsleistungen abhängig sind, die Unterhaltungskosten aber vom Instandsetzungs-

[12]) Im neuen G. u. V.-Formblatt ist es bereits geschehen.

und Überholungsbedarf der Betriebsmittel; bekanntlich sind der Dringlichkeit weite Grenzen gesetzt. Allerdings wird es Kosten geben, deren Zurechnung zu der einen oder anderen Gruppe Schwierigkeiten bereiten kann. In solchen Fällen muß beachtet werden, ob die Kosten durch die Aufrechterhaltung der Betriebsbereitschaft der Anlagegegenstände (Gleisanlagen, Wagenpark, Gebäude usw.) oder ob sie durch die Erstellung der Verkehrsleistungen unmittelbar hervorgerufen werden (also Personalkosten für den Betrieb, Beleuchtung, Betriebsstoffe, auch Stromkosten, Schmierstoffe usw.). Als ein weiteres Merkmal kann ihr zeitliches Auftreten angesehen werden, also ob sie sich kurzfristig oder langfristig wiederholen.

Betriebskosten und Unterhaltungskosten sind kostenstellenmäßig zu erfassen, wodurch erst die Grundlage für die eigentliche Betriebskontrolle geschaffen wird. Für die Aufteilung der Betriebskosten könnte die von der Reichsbahn herausgegebene Dienstvorschrift über die Fortbildung der Buchungsordnung (Fobu) zu Hilfe genommen werden, wo wie folgt aufgegliedert wird:

1. Bahnhofs- und Abfertigungsdienst
2. Bahnbewachungsdienst
3. Lokomotivfahrdienst
4. Zugbegleitdienst.

Für die Aufteilung der Unterhaltungskosten ist als Grundsatz aufzustellen, daß sie sich nach der Aufgliederung der Anlagewerte zu richten haben. Das ist sehr wichtig; denn so kann erst ein Bild über die ausreichende Unterhaltung der Anlageteile gewonnen werden. Die Abhängigkeit von Abschreibung und Unterhaltungskosten ist bekannt. Bei indirekter Abschreibungsmethode könnte man aus den drei Positionen: Anlagewerte, Berichtigungsposten und Unterhaltungskosten (hier natürlich nur unter Zuhilfenahme von mehreren Abschlüssen) schon ein sehr gutes Urteil über den Zustand der Anlagen gewinnen.

Im neuen Formblatt für die G. u. V.-Rechnung ist eine solche Zuordnung leicht zu erkennen. Die Kosten für Unterhaltung, Erneuerung und Ergänzung der baulichen Anlagen (I, 4, a) beziehen sich auf die Bilanzpositionen II, 1, a—d — Bahnbetriebsgrundstücke, Gleisanlagen, Streckenausrüstung und Grundstücke —, die Unterhaltungs- usw. -kosten für die Betriebsmittel (Fahrzeuge), Werkstattmaschinen (I, 4, b) auf II, 1, c — Betriebsmittel und II, 1, f — Werkstattmaschinen; die Kosten für Werkzeuge, Geräte, Betriebs- und Geschäftsausstattung (I, 4, c) haben ihren Gegenposten in der Bilanz in II, 1, g. Abgesehen davon, daß eine Trennung von Unterhaltungs- und Erneuerungsausgaben in der G. u. V.-Rechnung durchzuführen wäre, ist eine Aufgliederung von I, 4, a zu wünschen, und zwar ähnlich den Positionen, wie wir sie im Formblatt der G. u. V.-Rechnung für Straßenbahnen usw. [13]) schon finden. Wir sehen aber, wie stark der Einfluß des NBF noch bei den Eisenbahnen ist.

Anhang.

Bei der Verbuchung von Erneuerungen und Abgängen von Anlageteilen unter Verwendung der indirekten Abschreibungsmethode wird häufig der Fehler gemacht, daß nur das Wertberichtigungskonto — passiver Erneuerungsstock — belastet wird, während das Anlagekonto völlig unberührt bleibt. In diesem Fall ist (wenigstens materiell) alles richtig, wenn der zu erneuernde Gegenstand völlig abgeschrieben war und der neue mit genau demselben Wert an die Stelle des alten tritt; sonst werden falsche Anlagewerte ausgewiesen. In jedem Fall ist der alte Gegenstand in Höhe der „gesammelten" Abschreibungen zulasten des Wertberichtigungskontos auszubuchen, nachdem ein vielleicht gegebener Buchrestwert vorher abzuschreiben war. Danach ist erst der neue Gegenstand dem Anlagekonto zu belasten.

Man findet bei den Eisenbahnen wegen der verschiedenartigen Behandlung der Anlagegruppen, was Abschreibung und Erneuerung betrifft, oft beide Abschreibungsmethoden vor. Der Grund liegt in der nicht einheitlichen Auffassung von dem Charakter des Erneuerungsstocks. Für uns ist es klar, daß der Erneuerungsstock mit zur Beurteilung der Bewertung der Anlagen herangezogen werden muß. Der Einheitlichkeit wegen wäre es wünschenswert, daß die indirekte Abschreibungsmethode auch bei den Anlageteilen angewandt wird, für deren Erhaltung die eisenbahnrechtlichen Vorschriften keinen Erneuerungsstock vorsehen.

Zur inneren Kontrolle über die Anlageteile ist weiter eine Anlagekartei unbdingt notwendig. Sie muß Anschaffungs- oder Herstellungswert mit den aufgelaufenen Abschreibungen und dem darauf fußenden Buchrestwert ersichtlich machen.

---

[13]) a) Bahnkörper
b) Gleisanlagen
c) Streckenausrüstung und Sicherungsanlagen
d) Betriebsmittel (Fahrzeuge)
e) Werkstattmaschinen und maschinelle Anlagen
f) Werkzeuge, Geräte, Betriebs- u. Geschäftsausstattung
g) Grundstücke und Gebäude (eigene und gemietete).

IV. Die Fonds in den Bilanzen der Klein- und Privateisenbahnen.

A. Erneuerungsfonds.

1. Wertberichtigungsposten und Erneuerungsfonds.

Das Aktiengesetz vom 30. Januar 1937 will im § 133 die Abschreibung als ein Mittel zur Wertberichtigung aufgefaßt haben, wobei es dem Bilanzierenden überlassen bleibt, diese Wertberichtigung auf der Aktiv- oder Passivseite, also subtraktiv oder additiv vorzunehmen. Die allmähliche Wertminderung wird periodenmäßig gelegentlich des Abschlusses registriert und zu diesem Zweck quotenmäßig festgestellt. Als Grundlage dienen einmal, und zwar als Höchstwert, der Anschaffungs- oder Herstellungswert der Anlagen, zum anderen die geschätzte Dauer der Nutzung, nicht etwa die der Nutzbarkeit. Nur der Vollständigkeit halber soll noch vermerkt werden, daß das Gesetz den Vorgang der Wertberichtigung unter „dynamischen" Gesichtspunkten betrachtet. Die Tatsache aber, daß die wirkliche Wertminderung der quotenmäßig errechneten in den meisten Fällen nicht entspricht, findet keine Berücksichtigung; der Abschreibungsaufwand wird demnach von Jahren getragen, die ihn nicht verursachen.

Die Abschreibung erfüllt auch eine Finanzierungsfunktion, indem sie auf dem Wege der Kostenberechnung die beim Bau oder Kauf der Anlagen verausgabten Mittel für die Ersatzbeschaffung wieder hereinholt und sie vor Verteilung schützt. Ob die Abschreibung, die vom Gesetz wie gesagt als Mittel der Wertberichtigung gebraucht wird, die Finanzierungsfunktion allerdings zur vollen Genüge erfüllt oder nicht, ist vom Standpunkt des Gesetzgebers aus unerheblich. Die beiden Funktionen sind grundverschieden voneinander, und in der praktischen Wirtschaft kann niemals mit ihrer Kongruenz gerechnet werden.

Das alte Handelsgesetzbuch von 1897 verwandte im § 261, Nr. 3 die Abschreibung auch als Mittel der Wertberichtigung. Es gestattete als Alternative den Ansatz eines „Erneuerungsfonds" auf der Passivseite. Dadurch, daß der Erneuerungsfonds bei den Vorschriften über die Bewertung genannt wird und nicht z. B. bei der Bildung des Reservefonds (§ 262), wird sein Charakter gekennzeichnet. Abgesehen davon, daß die Verwendung des Wortes „Fonds" [1])

[1]) Das neue Bilanzformblatt verwendet die Bezeichnung „Stock".

auf der Passivseite abwegig ist, scheint dem Gesetzgeber bei den Bewertungsvorschriften außerdem ein Fehlgriff im Ausdruck unterlaufen zu sein. Die irrtümliche Auffassung vom Charakter des Erneuerungsfonds wird noch dadurch bestärkt, daß er durch die Art der Fassung des § 261, Nr. 5 HGB a.F. mit dem Reservefonds gleichsam auf eine Stufe gestellt wird: „... der Betrag eines jeden Reserve- und Erneuerungsfonds ist unter die Passiva aufzunehmen."

Was den Gesetzgeber zu dieser Ausdrucksweise veranlaßt haben mag, kann vielleicht damit einigermaßen erklärt werden, daß die Eisenbahnunternehmen, die ja bekanntlich einen großen Teil der Aktiengesellschaften darstellten, regelmäßige Absetzungen vom Anlagevermögen nicht vornahmen, aber ihre Erneuerungsfonds regelmäßig speisten. Das hatte seinen Grund in der weitgehenden und in kameralistischer Richtung liegenden Einflußnahme des Staates und seiner Organe auf Bau, Betrieb und Geschäftsführung bei der Konzessionierung und Beaufsichtigung, zumal der Staat selbst Eisenbahnen betrieb und diese natürlich kameralistisch führte. Den Kameralisten aber ist die Abschreibung, weil sie keine Ausgabe darstellt, von Hause aus fremd und als Mittel zur Registrierung eines Wertabganges viel zu unsicher und schwankend. Die Sammlung eines Fonds durch Abspaltung von Betriebsmitteln ist ihm dagegen sehr geläufig.

Für die Beibehaltung der alten Anlagewerte gab es noch einen weiteren Grund, und vielleicht ist das der maßgebliche. In den Konzessionsurkunden werden für gewöhnlich die Anlagewerte genannt, und der Staat, der jede Konzession zum Bau und Betrieb einer Bahn mit der Absicht eines möglichen späteren Erwerbs gibt, hat ein Interesse an der „Reinhaltung" und Verankerung der Anlagewerte in der Bilanz als Anhaltspunkt für die Berechnung des Übernahmepreises. Überhaupt spielt das ursprüngliche Anlagekapital in der gesamten Eisenbahngesetzgebung eine sehr wichtige Rolle. Wir können hier auf Einzelheiten nicht eingehen und verweisen auf Passow. [2])

Wollten nun die Eisenbahnen der Forderung der Beibehaltung der ursprünglichen Anlagewerte in der Bilanz nachkommen und sollten sie dabei andererseits gegen die Bewertungsvorschriften des HGB nicht verstoßen, so mußte es ihnen gestattet sein, einen Korrekturposten auf die Passivseite der Bilanz zu setzen, also das Anlagekonto summenmäßig auszuweisen anstatt saldenmäßig, wie es die anderen Aktiengesellschaften machten.

Wie gesagt nahmen die Eisenbahnen nun anstatt Abschreibungen „Rücklagedotierungen" vor. Diese Dotierungen haben bilanzmäßig den Anschein von Kapitalsrücklagen, und diese Annahme veranlaßte den Gesetzgeber, von einem Erneuerungsfonds zu sprechen. Wenn die kameralistisch denkenden Vertreter

---

[2]) Passow, a. a. O., S. 240/41.

der Eisenbahnbehörden vom Erneuerungsfonds sprechen, so meinen sie immer nur den aktiven, nie den passiven Fonds. Die Handelsgesetzgebung nahm nun diese irreführende Gleichbenennung vor. Sicherlich wurde sie von den Eisenbahnbehörden in diesem Vorhaben dadurch bestärkt, daß man argumentierte, von einer Wertberichtigung in diesem Passivposten könne gar keine Rede sein, da sie gar nicht notwendig sei; der Wertberichtigung werde schon durch die laufenden Erneuerungen Genüge getan. Hier hat in erster Linie die Kritik anzusetzen, aber zur Führung des Gegenbeweises ist eigentlich ein großer Aufwand nicht nötig. Jedem leuchtet ein, daß durch Erneuerungen die Betriebsbereitschaft der Anlagen aufrechterhalten, aber nie ihr historischer Neuwert wieder erreicht wird. Der Wert, den der Gesetzgeber berichtigt haben will, ist der Anschaffungs- oder Herstellungswert, der Wert, der danach auszuweisen ist, ist ein Höchstwert. Wer also nur erneuert und nicht abschreibt, weist falsche, nämlich zu hohe Anlagewerte aus, auf der rechten Seite der Bilanz findet dies in einem zu hohen Ausweis des Eigenkapitals Ausdruck, und der als Erneuerungsfonds ausgewiesene Posten auf der Passivseite stellt nicht, wie man vielerorts noch annimmt, einen für besondere Zwecke „reservierten" Teil des Eigenkapitals dar, sondern er dient in erster Linie zur Berichtigung der Anlagewerte. Der besagte Posten würde insoweit Eigenkapital enthalten, als er über das nach dem Gesetz notwendige Maß der Wertberichtigung hinausgeht.

Das alte Handelsgesetz gestattete den Ansatz des Erneuerungsfonds als Alternative nur dann, wenn er dem „der Abnutzung gleichkommenden Betrag" entsprach. Er konnte ihm bei den Eisenbahnen nur durch Zufall entsprechen. Die Errechnung des Abnutzungsbetrages geschah und geschieht auch heute aufgrund der historischen Anschaffungs- oder Herstellungskosten, die regelmäßigen Rücklagen zum Erneuerungsfonds aber sind — wir kommen auf die gesetzlichen Bestimmungen noch zurück — aufgrund von Beschaffungswerten zu errechnen. Hinzu kommen die Zuweisungen aus Zinsen und aus dem Erlös des abgängigen Materials. Vielleicht glaubte man, wegen der beiden letzten Posten auf Rücklagen für die Lohnkosten verzichten zu können; denn die Löhne bleiben nämlich unberücksichtigt. Sie betragen beim Oberbau etwa 10 bis 12%, bei Erneuerungsarbeiten an ihm sogar noch mehr. Die Löhne werden bei der Erneuerung sofort über Betrieb verbucht und damit wohl dem Gewinn- und Verlust-Konto belastet, aber nicht z. Zt. der Rücklagendotierung (oder der mit ihr zeitlich zusammenfallenden Abschreibung). Weiter muß bei der kritischen Betrachtung der Anlagewerte beachtet werden, daß bei Verlustabschluß Rücklagen nicht vorgenommen werden. Bei Auffassung des Erneuerungsfonds als zusätzliches verfügbares Kapital wäre diese Handlungsweise folgerichtig. Das Ergebnis aller dieser Betrachtungen gipfelt in der Feststellung, daß gerade dort, wo für die

Eisenbahnen kapitalsmäßig, damit betrieblich, und auch publizistisch der Schwerpunkt liegt, nämlich in den Anlagen, das Handelsgesetz de facto keine Anwendung findet.

Die Aktienrechtsnovelle und ihr folgend das Aktiengesetz haben zwar den Ausdruck „Erneuerungsfonds" ausgemerzt und dafür „Wertberichtigungen zum Posten des Anlagevermögens" eingeführt, aber in dem besagten Bilanzformblatt treten beide Posten nebeneinander auf, sie beziehen sich natürlich auf verschiedene Teile des Anlagevermögens. Die bloße Namensänderung, die man in dem Wortlaut des Aktiengesetzes (nicht Formblatt) einer besseren Einsicht zufolge vornahm, mußte auf die Eisenbahnbilanzen ohne Wirkung bleiben, weil man die hier auftretende Problematik nicht gebührend berücksichtigte.

Bei den obigen Ausführungen haben wir unterstellt, daß die in dem Erneuerungsfonds gesammelten Mittel auf die Dauer betrachtet stets aufgebraucht werden, der Fonds theoretisch also immer gleich Null sein müßte. Das ist aber schon allein deswegen nicht der Fall, weil man aus Sicherheitsgründen den Rücklagesatz immer etwas höher bemessen wird. Dann sind aber auch noch andere Gründe maßgebend.

„Bei einem Unternehmen, das aus vielen Einzelteilen besteht, deren Gebrauchsende sich auf die Gesamtzeit des Unternehmens ziemlich gleichmäßig verteilt, liegt der Rest der Rücklage, der zum Erneuern nie benötigt wird, etwas unter 50% des gesamten Anlagewertes." [3])

Das soll an einem Beispiel klargemacht werden.

Angenommen, wir haben im Jahre 1930 einen Gegenstand für 100 Einheiten (E) mit zehnjähriger Gebrauchsdauer angeschafft. Bei jährlicher Rücklage von 10 E sind also 1940 100 E für den Ankauf eines neuen Gegenstandes in der Rücklage vorhanden. Im Jahre 1935 müssen wir jedoch einen zweiten solchen Gegenstand zum gleichen Preise anschaffen. Im Jahre 1945 haben wir dann für den Ersatzgegenstand ebenfalls wieder 100 E angesammelt. Ab 1935 legen wir demnach zweimal 10 E zurück, so daß sich bei Ersatzbeschaffung des ersten Gegenstandes (1940) in der Rücklage 150 E befinden, also 50 E in der Rücklage verbleiben. Im Jahre 1945, beim Ersatz des zweiten Gegenstandes, enthält die Rücklage wieder 150 E. Die Rücklage pendelt also immer zwischen 50 und 150 E, sinkt also nie unter 50 E, das sind 25% des gesamten Anlagewertes von 200 E. Nehmen wir nun anstatt zwei fünf Gegenstände an, von welchen alle zwei Jahre ein neuer angeschafft wird. Die Rücklage pendelt dann zwischen 200 und 300 Einheiten, sinkt also nie unter 40% des Gesamtanlagewertes und bei zehn Gegenständen sinkt sie nie unter 45% des Gesamtanlage-

[3]) Goedecke, „Die Rücklagen für Erneuerung in der Deutschen Gemeindeordnung" in Technik und Wirtschaft, Februar 1937.

wertes. Im Idealfall mit unendlich vielen gleichartigen Gegenständen würde die Rücklage von Beginn der Ersatzzeit an stets 50% des gesamten Anlagewertes betragen, der Rest würde für Ersatzbeschaffungen nie benötigt werden, man könnte also auf ihn verzichten.

Als Schlußfolgerung der eben gefundenen Ergebnisse stellt Goedecke folgenden Satz auf:

> „Wenn man die Erneuerungsrücklagen unter der Voraussetzung berechnet hat, daß mit ihnen für jede Anlagegruppe des Bahnunternehmens bis zur Erneuerungszeit die Kosten der Erneuerung voll angesammelt sind, und wenn man entgegen der Berechnung bis zur ersten Erneuerungszeit die Rücklagen auf nahezu die Hälfte einschränkt, wird das Unternehmen niemals Mangel an Erneuerungsmitteln leiden.“ [4])

Bei Umkehrung des Satzes kommt man aber zu dem weiteren Ergebnis:

> „Wenn ein Unternehmen niemals Mangel an Erneuerungsmitteln hat und voraussichtlich auch nicht solchen erleiden wird, dann ist damit noch nicht der Beweis geliefert, daß die Rücklagen in den Erneuerungsfonds richtig erfolgt sind oder daß der Erneuerungsfonds seine richtige Höhe erreicht hat.“ [5])

Unter „richtig“ ist den Vorschriften des damals geltenden alten Handelsgesetzbuches entsprechend zu verstehen.

Damit finden wir vielleicht teilweise die Erklärung für das nun nicht mehr so seltsam anmutende Ergebnis zu dem Wp. F. Mlasowsky bei seinen leider unveröffentlichten Untersuchungen an gemeindebetrieblichen Abschlußzahlen gekommen ist. Er hat nämlich festgestellt, daß von den als normal geltenden Abschreibungen der Jahre 1924 bis 1934 in vielen Betrieben nur 60% für Erneuerungszwecke benötigt wurden; dabei ist zu bedenken, daß gerade in diesen Jahren der Bauindex sehr schwankte. Sicherlich liegen in der privaten Wirtschaft die Verhältnisse noch günstiger, weil man hier in der Abschreibungsfrage etwas großzügiger ist. — Wir lehnten oben bereits die leichtfertige Verquickung von Abschreibungen und Erneuerungsrücklagen ab, die wie gesagt wegen der finanziellen Funktion, die die Abschreibung sekundär erfüllt, sehr naheliegt. In diesem Zusammenhange ist aber die Gleichstellung möglich, weil hier keine Bewertungsfragen zur Diskussion stehen. Die Gleichstellung dieser beiden Erscheinungen würde übrigens in dem oben erwähnten theoretischen Beispiel zu dem interessanten Ergebnis führen, daß sich im Idealfall die Anlagen in der Gesamtheit nur bis zu 50% abnutzen bzw. entwerten. Für das Gesetz sind diese Fest-

---

[4]) u. [5]) Goedecke, „Die Bewegung des Erneuerungsfonds und seine Beziehung zum Tilgungsfonds“ in der Zeitschrift für Kleinbahnen 1913, S. 302 ff.

stellungen aber uninteressant, weil hier Einzelbewertung gefordert wird. Das Hauptproblem bei der Abschreibung liegt in der Bewertung. Wir können aber aus den obigen Ergebnissen folgern, daß kein Grund für Finanzierungssorgen um Ersatzbeschaffung zu bestehen braucht. Besondere Fälle erfordern besondere Maßnahmen. Wir erwähnen in diesem Zusammenhang die in der Praxis übliche Bildung von Neubaureserven.

Abschließend seien noch einige zusammenfassende Bemerkungen über die grundsätzlichen Unterschiede von Abschreibung, Erneuerung, Erneuerungsrücklagen und vor allem über die Unterhaltung in ihrem Zusammenhang gestattet. Die Abschreibung ist erfolgsmäßig eine nach verrechnete Ausgabe und auf Vergangenheitswerte gerichtet, sie verwandelt festes Anlagevermögen in flüssiges Umlaufsvermögen. Die Erneuerungsrücklagen sind vor verrechnete Ausgaben und auf Beschaffungswerte gerichtet. Abschreibungen sind ebenso wie Erneuerungsrücklagen (in eisenbahnrechtlichem Sinne) Aufwand. Unterhaltung hängt mit der Abschreibung weniger eng zusammen als mit der Erneuerung, weil sie wie letztere nur auf technischen Wertverschleiß ausgerichtet ist. Die Unterhaltungskosten stehen insoweit im Gegensatz zu den Kosten der Erneuerung, als sie nur ihrer Periode belastet werden. Bei Errechnung der Abschreibungs- oder Rücklagequoten müssen sie berücksichtigt werden. Die Grenze zwischen Erneuerung und Unterhaltung ist unbestimmt.

Nach der Dienstvorschrift über die Fortbildung der Buchungsordnung der deutschen Reichsbahngesellschaft umfaßt die Unterhaltung „laufende Instandhaltung und Ausbesserungen an den Bahnanlagen und Fahrzeugen, deren Ausführung im allgemeinen Vorbedingung zur Erreichung der Nutzungsdauer der Anlage ist. Die Unterhaltung soll somit zur Vorbeugung und Beseitigung von Schäden sowie zur Erhaltung der Wohlansehnlichkeit der Anlage dienen. Hierbei ist es ohne Belang, ob die Vornahme von Unterhaltungsarbeiten aus einem in gewissen Zeiten wiederkehrenden Bedürfnis entspringt, oder ob Naturereignisse, wie Hochwasser, Dammrutsche oder sonstige kaum vermeidbare Ursachen wie Feuersbrünste, Unfälle, Bahnfrevel usw. sie verursacht haben". „Unter Erneuerung (oder Ersatz) fallen Arbeitsausführungen und Beschaffungen, die erforderlich sind, um die durch Abnutzung, Altern, Veraltern — Ersatz infolge technischer Entwicklung — an den Bahnanlagen und Fahrzeugen auftretenden Wertminderungen zu beseitigen. Derartige Arbeiten bezwecken die Erhaltung des Reichseisenbahnvermögens, den Ausgleich des regelmäßigen Verschleißes. Bei Erneuerungsarbeiten ist es bedeutungslos, ob die Ausführung in einzelnen unmittelbar aufeinanderfolgenden Bauabschnitten vor sich geht, oder ob geringere Zeitabstände zwischen den einzelnen Bauabschnitten liegen." Die Dienstvorschrift gibt dann noch nähere diesbezügliche Bestimmungen. Z. B. gelten Ausgaben für Erneuerung und Anlagezuwachs an Fahrzeugen und bestimmten Bahnanlagen als Unterhaltungskosten, wenn sie im Einzelfall für eine Anlage den Betrag von 2.000,— RM nicht übersteigen.

2. Technische Besonderheiten bei Eisenbahnbetrieben, ihre rechtliche und wirtschaftliche Behandlung.

Wie bereits mehrfach erwähnt, sind die privaten Eisenbahnbetriebe zur Bildung von Erneuerungsfonds verpflichtet. Der Fonds soll die dauernde Aufrechterhaltung des ordnungsmäßigen Betriebes dadurch sichern, daß er die bei kleineren Unfällen oder beim „Abgängigwerden von Oberbaustoffen und Betriebsmitteln" notwendigen flüssigen Mittel stets bereit hält. So ist den Kleinbahnen nach den Ausführungsanweisungen zum Kleinbahngesetz die Anlage dieser Mittel in bestimmter Weise vorgeschrieben. „Die zu den Fonds zu vereinnahmenden Beträge sind, sofern sie nicht sofort zur Verwendung gelangen, in Wertpapieren, die bei der Reichsbank beleihbar sind, zinstragend anzulegen. Ein Viertel des Bestandes der Fonds muß aus Staatspapieren (Preußische Staats- oder Reichsanleihen) bestehen." Nach dem Erlaß des Pr.Min. für Handel und Gewerbe vom 13. 5. 24 — Vb 2. 12. 1598 — wird jedoch den Kleinbahnen hier Freiheit gelassen. Es heißt dort:

> „Den Kleinbahnen kann es bis auf weiteres überlassen bleiben, die nicht sofort zur Verwendung gelangenden Rücklagebeträge nach eigenem Ermessen zinstragend anzulegen".

Die Bahnen des allgemeinen Verkehrs nehmen ähnliche Bestimmungen in ihre Regulative auf, die dann zur Genehmigung vorgelegt werden müssen. Von der Verpflichtung zur Anlage wurden sie bislang auf Antrag befreit (Erlaß des Reichsverkehrsministers vom 3. 6. 30, E I 14 141 50/30, vom 6. 3. 31, E I 14 141 14/31, vom 14. 9. 32, E I 14 141 87/31 und vom 8. 2. 34, E I 14 142 419/33). Über die Verzinsung sagt der Erlaß des Reichsverkehrsministers vom 3. 8. 31, E I 14 141 53/31, daß bei den Privateisenbahnen die Entnahmen aus dem Erneuerungsfonds nur dann verzinst werden, wenn bei Errechnung der Rücklagebeträge mit deren Verzinsung bereits gerechnet worden ist. Das sahen die Rücklageordnungen für die in Preußen gelegenen Privateisenbahnen und die neueren Rücklageordnungen der übrigen Bahnen vor. „In allen anderen Fällen kann bis auf weiteres von einer Verzinsung der den Fonds entnommenen Beträge abgesehen werden, sofern sie dies nach der Lage der Sache für gerechtfertigt halten."

Für die Bahnen bedeutet die Aufhebung der Anlagevorschriften für ihre Rücklagemittel durch die oben erwähnten Erlasse eine sehr große Erleichterung, da sie nun diese Mittel für die Zins- und auch Tilgungszahlungen verwenden können. Früher mußten sie ggf. fremde Mittel aufnehmen, während ihre eigenen in Wertpapieren oder auf Bankkonten angelegt waren, wo man die geringeren Kreditzinsen in Kauf nehmen mußte. Ein Festhalten an der Verzinsung dieser nicht angelegten Fonds erscheint in jedem Falle unlogisch.

Was die Dotierung und Verwendung der Fonds bei den Kleinbahnen im einzelnen betrifft, finden wir besondere Vorschriften in den Ausführungsanweisungen zum Kleinbahngesetz. Der Erneuerungsfonds dient danach zur Bestreitung der Kosten der regelmäßig wiederkehrenden Erneuerung [6]) des Oberbaues und der Betriebsmittel. Es sind jedoch hieraus von den Fahrzeugen nur die Kosten ganzer Lokomotiven und Wagen, von den Oberbaustoffen dagegen auch die Kosten einzelner Stücke zu bestreiten. Der Ersatz einzelner Teile von Betriebsmitteln (Feuerbuxen, Siederohre usw.) muß auf Rechnung des Betriebsfonds erfolgen. In den Erneuerungsfonds fließen

1. der Erlös aus den entsprechenden abgängigen Materialien,
2. die Zinsen des Fonds selbst,
3. eine aus den Überschüssen der Betriebseinnahmen über die Betriebsausgaben zu entnehmende jährliche Rücklage.

Die Höhe dieser Jahresrücklagen ist unter Berücksichtigung der besonderen Verhältnisse und Bedürfnisse des einzelnen Unternehmens zu bemessen auf:

a) 1 bis 2% von dem zusammengerechneten Beschaffungswerte des Oberbaues (Schienen, Weichen, Kleineisenzeug),
b) 2,5 bis 5% vom Beschaffungswert der Schwellen,
c) 1,25 bis 2,5% von dem der Lokomotiven,
d) 0,75 bis 1,5% von dem der Wagen.

Wird das Unternehmen nicht mit Dampfmaschinen, sondern in anderer Weise (z. B. elektrisch) betrieben, so haben die Genehmigungsbehörden den Rücklagesatz bei c) von Fall zu Fall zu bestimmen.

Lassen die Betriebsergebnisse eines Jahres die Deckung der Rücklagen zum Erneuerungsfonds nicht oder nicht vollständig zu, so ist das fehlende aus den Überschüssen des oder der folgenden Betriebsjahre zu entnehmen.

[6]) Nach dem Erlaß des Pr.Min. für Handel und Gewerbe vom 10. 3. 28, Nr. VI 5. 16 708/28, ist unter der regelmäßig wiederkehrenden Erneuerung des Oberbaues und der Betriebsmittel jede Erneuerung zu verstehen, also nicht nur etwa die größeren, planmäßigen. „Bei den Oberbaustoffen insbesondere auch beim Kleineisenzeug — Haken, Schrauben, Nägeln usw. — fällt die Auswechselung jedes einzelnen Stückes unter den Begriff der Erneuerung." Die regelmäßig wiederkehrende Erneuerung steht nur im Gegensatz zu einer infolge von außergewöhnlichen Elementarereignissen und größeren Unfällen erforderlichen Erneuerung, deren Kosten aus dem „Spezialreservefonds" zu bestreiten sind.

Die für die Privateisenbahnen geltenden allgemeineren Bestimmungen entsprechen ungefähr den der Kleinbahnen außer bei der Berechnung der Rücklagesätze; während man bei den letzteren eine geschätzte Abnutzungszeit zugrunde legt, berechnet man bei den Privatbahnen die Rücklagesätze meist nach Leistung (Abnutzung), also für den Oberbau, nach Achskilometer, bei den Lokomotiven und Wagen nach Lokomotiv- bzw. Wagenkilometer. — Beide Bahngruppen müssen die Regulative von Zeit zu Zeit überprüfen. Für die Kleinbahnen bestimmen die Ausf.Anw., daß die Prüfung der Sätze auch hinsichtlich der Beschaffungswerte zu geschehen hat. Ein Erlaß des Ministers für Handel und Gewerbe vom 13. 5. 24, Vb. 2. 12. 1598, sagt hierzu, daß es sich bei den in den Ausf.Anw. genannten Beschaffungswerten nicht um die ursprünglichen, sondern die tatsächlichen, z. Zt. der Neuaufstellung des Regulativs nach bestem Wissen zu schätzenden Kosten handelt. Die Regulative sind in Anbetracht der Unsicherheit der Preisverhältnisse bis auf weiteres jährlich nachzuprüfen. Bei der Schätzung ist von den geltenden Marktpreisen auszugehen (E vom 8. 6. 1907/Klb.Z. S. 515). Der Altmaterialwert darf nicht in Abzug gebracht werden (E vom 4. 8. 1909 — IV A 18.772 —).

Die oben angegebenen Sätze sind Höchst- und Mindestsätze, um den verschiedenen Verhältnissen bei den Bahnen (Neigungs-, Krümmungsverhältnisse) Rechnung zu tragen. Durch den schon erwähnten Erlaß des Ministers für Handel und Gewerbe vom 13. 5. 24 ist zur Auffüllung der durch den Währungsverfall entwerteten Rücklagefonds die Anwendung der Höchstsätze bis auf weiteres angeordnet, da, wie dort gesagt, vielfach nur die Mindestsätze in Geltung waren. Wenn wir diese geschätzten Sätze auf die Nutzdauer umrechnen, so erhalten wir für

Schienen usw.	50	bis	100	Jahre,
Schwellen	20	„	25	„ ,
Lokomotiven	40	„	80	„ ,
Wagen	66	„	133	„ .

Diese Schätzungen erscheinen reichlich hoch, auch wenn wir berücksichtigen, daß wie nach dem vorher erwähnten Erlaß die Bahnen nur durchweg Höchstsätze anwenden müssen. Die Fehlbeträge werden wohl schlecht durch die Zuführung der Zinsen und Erlöse aus Altmaterial ausgeglichen werden können. In diesem Zusammenhang können wir auf ein sehr interessantes Ergebnis aus einer unveröffentlichten Arbeit von Dr. Funcke, Berlin, hinweisen, zu welchem er aufgrund einer kritischen Durchsicht von 100 Eisenbahnbilanzen gekommen ist. Wir geben die Zahlen mit Vorbehalt wieder. Bei diesen durchgesehenen Bilanzen für 1935 betragen die Abschreibungen und Zuweisungen zum Erneuerungsfonds einschl.

Tilgungen und sonstigen Abbuchungen über die Gewinn- und Verlustrechnung, bezogen auf die Buchrestwerte der Anlagen

unter	1%	bei 19	Gesellschaften,
über	1—2%	„ 22	„ ,
„	2—3%	„ 27	„ ,
„	3—5%	„ 12	„ ,
darüber		„ 20	„ .

Die Rücklagen für den Erneuerungsfonds stehen in der gesamten Finanzgebarung bei Eisenbahnbetrieben an hervorragender Stelle. Die Bedeutung, die man ihnen für die Aufrechterhaltung des Bahnbetriebes beimißt, kommt in der überaus großen Anzahl von Erlassen zum Ausdruck, die sie betreffen. Zunächst ist zu vermerken, daß die Rücklagen nach NBF aus dem Überschuß der Betriebseinnahmen über die Betriebsausgaben genommen werden. Da sie gleichsam betriebsbedingt sind, müßten sie zu den Betriebsausgaben zählen. Nach kameralistischer Denkweise können sie aber dort nicht eingeordnet werden, weil sie eben keine Ausgaben im engeren Sinne sind. Wie groß aber ihr Vorrang ist, geht daraus hervor, daß sie der Zahlung von Zinsen vorgehen. Diese sind nämlich erst hinter Abteilung III unter „Verwendung des Überschusses" eingereiht. Was für kaufmännisch Denkende völlig unmöglich ist, wird hier behördlich gefordert: „Sie (die Zinsen) müssen, wenn der Reingewinn nach Auffüllung des Erneuerungsfonds nicht ausreichen sollte, aus anderen Quellen gedeckt werden." [7]) (Erl. v. 9. 5. 1905 KlbZ. S. 435 EV, BJ S. 175) auch Erl. v. 2. 12. 27 VI, 5. 16. 4179).

Dadurch, daß man den Erneuerungsrücklagen gegenüber den Fremdkapitalzinsen den Vorrang gibt, hat man ihnen Aufwandcharakter aufgedrückt. Die Speisung des Fonds ist für die Aufrechterhaltung des Betriebes von so unumgänglicher Notwendigkeit, daß sie der Einhaltung von schuldrechtlichen Verpflichtungen vorgeht. Die Bestimmung der Ausführungsanweisungen zum Kleinbahngesetz, daß die Dotierung unterbleiben kann, wenn sie die Betriebsergebnisse nicht zulassen, entspringt rein kameralistischer Denkweise, der die scharfe begriffliche Trennung von Aufwand und Ausgabe nicht wie der kaufmännischen geläufig ist. Man hält es eben nicht für möglich, daß, wenn die Einnahmen die Ausgaben nicht überschreiten, Dotierungen vorgenommen werden können. [8]) Von der Besprechung des Normalbuchungsformulars her wissen wir aber, daß diese streng kameralistischen Prinzipien wirtschaftlichen Erfordernissen zuliebe manch-

[7]) Hein-Krüger, „Kleinbahngesetz", Berlin 1929, Band I, S. 87.

[8]) Der Kaufmann greift bei Verlustabschlüssen für die Wertberichtigung das Eigenkapital an.

mal durchbrochen sind. Andererseits zeugen aber wieder die sehr wichtigen gerade den Erneuerungsfonds als den Schwerpunkt der gesamten Rechnungslegung betreffenden Erlasse von einem derartigen kaufmännischen Unverständnis, daß ihre strenge wörtliche Befolgung die schwerwiegendsten Nachteile und Gefahren hervorrufen muß, abgesehen davon, daß zu ihrem Verständnis kameralistisches Denken notwendig ist.

Als einige Eisenbahnverwaltungen der pflichtgemäßen Fondszuweisungen außerstande, aber dem richtigen kaufmännischen Gefühl folgend, die Fehlbeträge unter „Forderungen des Erneuerungsfonds an den Betrieb" oder ähnlich auswiesen, trat man ihnen entgegen:

> „Da die Vermögensbilanz das gesamte Unternehmen und nicht bloß den Betriebsfonds umfaßt, ist es unzulässig, unter das Haben (?) der Bilanz [9]) Forderungen aufzunehmen, welche ein der Gesellschaft gehörender Fonds einem anderen ihr ebenfalls gehörenden Fonds schuldet" (Reichsverkehrsminister zu E VI — 67.672. 1. vom 9. 1. 1924).

In einem weiteren Erlaß wird der Grund für die Unzulässigkeit des obigen Verfahrens angegeben:

> „Mit .... Rücksicht auf die Verzinsung des Anlagekapitals steht es nicht im Einklang (!), wenn Fehlbeträge am regulativmäßigen Rücklagesoll, für die keine Deckung vorhanden ist, lediglich buchmäßig auf dem Erneuerungsfonds vereinnahmt werden und infolgedessen in der Jahresrechnung unter Vermögensübersicht (Bilanz) Fehlbeträge (Bilanzverluste) verursachen, die als Schuld in das neue Geschäftsjahr übernommen werden müssen. Ein solches Verfahren ist zwar von Aufsichtswegen nicht zu beanstanden, aber bei Bahnen, an denen der Staat beteiligt ist, mit Hilfe der diesem vorbehaltenen Rechte und durch seine Vertretung in den Gesellschaftsorganen nach Möglichkeit zu verhindern" (Pr.Min. für Handel und Gewerbe vom 2. 12. 27 E VI 5. 16. 4179).

Einige Jahre später ist dann wieder ein diese Fragen betreffender Sondererlaß ergangen:

> „Wie ich bereits im Runderlaß vom 2. 12. 1927 — VI 5. 16. 4179 — ausgeführt habe, steht es mit der Rücksicht auf die Verzinsung des An-

[9]) In Verkennung der Bedeutung von „Soll" und „Haben" für die kaufmännische Buchhaltung sind die Begriffe anscheinend vertauscht worden, was aus einem weiteren Abschnitt dieses Erlasses hervorgeht: „Auf der Sollseite der Bilanzen müssen nach Inhalt und Sinn der für die Aufstellung der Bilanzen bei Aktiengesellschaften maßgebenden §§ 40 und 261 HGB aufgeführt werden: die Schulden und die Geschäftsbedürfnisse der Gesellschaft nach dem Werte, der ihnen im Zeitpunkt der Aufstellung beizulegen ist. Zu den Geschäftsbedürfnissen gehören auch die Erneuerungs- und Reservefonds."

lagekapitals und der hierdurch bedingten Kreditfähigkeit (!) des Kleinbahnunternehmens nicht im Einklang, wenn Fehlbeträge am regulativmäßigen Rücklagesoll, ... als Schuld ins neue Geschäftsjahr übernommen werden müssen" (Pr. Min. für Handel und Gewerbe J Nr. Vb 854 Kg vom 30. 5. 1931).

Die wahre Bedeutung dieser Fehlbeträge hat man offensichtlich erst hier erkannt, aber die Grundsätze ordnungsmäßiger Rechnungslegung an sich und in ihrer Bedeutung läßt man völlig außer acht. In demselben Erlaß geht es dann weiter:

„Dem Erneuerungsfonds sind außer den Erneuerungskosten, die aus den laufenden Betriebseinnahmen bestritten werden und in voller Höhe im Erneuerungsfonds als Einnahmen und Ausgaben nachzuweisen sind, Mittel nur zuzuführen, wenn solche — seien es eigene oder für diesen Zweck angeliehene (!) Gelder — tatsächlich vorhanden sind. Wenn bei einer Kleinbahn keine Überschüsse der Betriebseinnahmen über die Betriebsausgaben vorhanden sind, so kann auch eine Verrechnung der Rücklage für den Erneuerungsfonds und deren buchmäßige Nachweisung in der Bilanz nicht erfolgen. Dagegen erscheint in solchen Fällen eine Aufstellung über die Rücklagen, die nach der Ausf.Anw. zu § 11 des Kleinbahngesetzes jährlich zu leisten gewesen wären, sehr zweckmäßig, damit jederzeit die Gesamthöhe der fällig gewordenen Rücklagen ersehen werden kann und bei etwaigen größeren Überschüssen in den späteren Betriebsjahren die dann über den Betrag der jährlichen Rücklage hinaus zu leistenden Zuschüsse zu dem Erneuerungsfonds entsprechend hoch bemessen werden können."

In einem weiteren Erlaß, der sich mit dem Abschluß der Privatbahnen allgemein befaßt, finden wir folgende Bemerkungen:

„Der in einzelnen Fällen in den Jahresbilanzen enthaltene Posten „Forderungen des Erneuerungsfonds und Spezialreservefonds an den Betrieb" für Beträge, die diesen Rücklagen entgegen den Vorschriften aus Mangel an Mitteln nicht zugeführt werden konnten, fällt künftig weg, die Absicht, diese Unterschiedsbeträge in der Jahresbilanz vor der Linie einzutragen, wurde auf Wunsch der Privatbahnen fallen gelassen; die Beträge sind aber in den Erläuterungen zur Bilanz anzugeben. Die beiden Fonds sind mithin mit ihren Istbezügen nachzuweisen" (Reichsverkehrsminister E 14.141 12/33 vom 1. 3. 33 Nr. 4a, ebenso Pr.Min. für Wirtschaft und Arbeit E IV 6073 Wo vom 2. 9. 33 Nr. 4a).

In einem neueren Erlaß des Pr.Min. für Wirtschaft und Arbeit von 20. 1. 1934 (II 26912 Ma Min. Bl. WiA 1934 S. 50), der allerdings wieder durch einen darauf folgenden Erlaß vom 21. 3. 1934 (IV 3470 J Nr. II 1706) wegen der Möglichkeit der Regelung dieser in diesem Erlaß behandelten Fragen für einen größeren Geltungsbereich wieder aufgehoben worden ist, wird man wirtschaftlichen Erfordernissen eher gerecht; es heißt dort, daß in den Jahresbilanzen der Bahnen, deren Erneuerungsfonds nicht regulativmäßig gespeist worden sind, „entsprechend dem Wertverlust dieser Bahnbestandteile (Oberbau- und Betriebsmittel) Abzüge oder Wertberichtigungskonten in Ansatz gebracht werden müssen". Es geht aber dann weiter: „Die Bestimmungen, daß der Erneuerungsfonds nur mit den Istbeträgen nachzuweisen ist und daß die ungedeckten Rücklagen, die nach der Ausf.Anw. zu § 11 des Kleinbahngesetzes jährlich zu leisten gewesen wären, in einer besonderen Nachweisung als Anmerkung zur Vermögensübersicht (Bilanz) aufzuführen sind (vgl. Erlaß vom 5. 11. 31 — Vb 233 Kg), werden hierdurch nicht berührt". Man hält also an der hergebrachten Auffassung von dem Charakter des Erneuerungsfonds fest, die Wertberichtigung nimmt hier so etwas wie eine Hilfsstellung ein, was aus folgendem Satz desselben Erlasses hervorgeht: „Auf Abschreibungen für diese Bahnbestandteile (Oberbau und Betriebsmittel) kann nur insoweit verzichtet werden, als deren Wertminderung durch tatsächlich ausgeführte Zuweisungen an den Erneuerungsfonds berücksichtigt worden ist". Für uns, die wir den Erneuerungsfonds als Wertberichtigungsposten ansehen müssen, enthält dieser Erlaß sich diametral gegenüberstehende Bestimmungen. Wenn die Mittel für die Rücklagenbildung fehlen, so fehlen sie natürlich auch für die Abschreibungen, es sei denn, man greift das Eigenkapital an, was man nach Möglichkeit natürlich vermeiden wird und schlägt lieber den bequemeren Weg ein, indem man die Fehlbeträge in einer Anmerkung zur Vermögensübersicht nachweist. Ihr wahrer Charakter wird hierdurch verschleiert.

Wir fragen uns aber, wann ein Verlust in der Bilanz überhaupt ausgewiesen werden darf, wenn es nicht bei verlorenen Abschreibungen der Fall sein soll. Die besagte „Forderung des Erneuerungsfonds", die bisher in der Erlaß sich diametral gegenüberstehende Bestimmungen. Wenn die Mittel für die Bilanz ausgewiesen worden ist, stellt einen reinen Verlustposten dar. Wenn es überdies einem Unternehmer gelingt, für dringende Erneuerungen Fremdkapital aufzunehmen (vgl. Erl. vom 2. 12. 1927 — VI 5. 16. 4179 [10]) und damit auf Umwegen den Erneuerungsfonds regulativmäßig zu füllen, so wird der Fehlbetrag zum Erneuerungsfonds nicht einmal in der Anmerkung zu der Vermögensübersicht aufgeführt. Dabei werden Überschüsse erzielt, Dividenden verteilt usw. Zwingende Vorschriften über die Verbuchung von Fremdkapitalstilgungen als Aufwand liegen nicht vor.

---

[10]) Vgl. auch Hein-Krüger, a. a. O. S. 87/88, Erl. vom 30. 5. 1931 — E J-Nr. Vb 854 Kg —.

Wenn man den Aufwandscharakter der „Erneuerungsrücklagen" sonst nicht anerkennen will, so drängen doch die Verhältnisse zu dieser Auffassung und zur entsprechenden Maßnahme. Schon das alte Handelsgesetzbuch konnte, wenn es im § 261 die bekannte Alternative beim Anlagenausweis gestattet, schwerlich eine Wertberichtigung wegen Abnutzung und eine Rücklagenbildung zur Wahl stellen. Das eine ist Aufwand, das andere ist Zusatzkapital. Wenn der Gesetzgeber von allen anderen Betrieben eine Anlagenbewertung unter dem Prinzip der Vermögenserhaltung verlangte, so konnte er bei Betrieben, die die indirekte Abschreibung vornahmen, insbesondere bei Eisenbahnbetrieben, keine Ausnahme machen. Wir glauben nicht, daß das neue Formblatt geeignet ist, Klarheit in diese Dinge zu bringen. Wie bereits erwähnt, tritt hier der alte Erneuerungsfonds unter der Bezeichnung des Erneuerungsstocks auf.

3. Stellungnahme zu der Notwendigkeit der Bildung von Erneuerungsfonds.

Von den Anlageteilen eines Eisenbahnbetriebes hebt sich der Oberbau wegen seiner Eigenart besonders heraus und erfordert deswegen eine besondere Behandlung. Der Oberbau erhält nach einer längeren Zeit der Benutzung und infolge der die Betriebssicherheit immer wieder herstellenden Erneuerung einen gewissen Dauerwert, der jedoch nicht ganz feststeht, sondern um einen bestimmten Punkt schwankt; kurz vor einer Erneuerung ist der Dauerwert etwas niedriger, kurz nach einer Erneuerung ist er höher. Die Schwankungen werden sich unter normalen Verhältnissen ausgleichen, so daß man von einem durchschnittlichen Dauerwert beim Oberbau sprechen kann. Die Schwankungen werden umso geringer sein, in je mehr Erneuerungsabschnitte man den Gleiskörper aufteilt. Entsprechend den Bewertungsvorschriften des Aktiengesetzes ist nun eine Abschreibung des Herstellungswertes auf diesen Dauerwert unumgänglich notwendig. Die Aufrechterhaltung des so erzielten Dauerwerts wird dann durch fortlaufende Erneuerungen erreicht. Damit der Anfall der Erneuerungskosten die Jahre nicht verschieden schwer belastet, ist die Bildung von auf die Jahre gleichmäßig verteilten Rücklagen zweckmäßig. Bei Berechnung der Erneuerungsrücklagen werden dann den Vorschriften entsprechend Beschaffungspreise zugrunde zu legen sein. Sie werden bestimmt hier eine bessere Grundlage bieten als bei den Betriebsmitteln. Einer wirtschaftlichen Wertminderung wäre damit auch Rechnung getragen. Die Erneuerungsrücklage würde zwar den Charakter eines Wertberichtigungspostens nicht vollständig verlieren [11]), das hängt mit den

---

[11]) Diese Feststellung hat allerdings nur theoretische Bedeutung.

Schwankungen des Dauerwertes zusammen und bei Verkauf der Anlagen oder bei ähnlichen Vorfällen würde hier ein Streitpunkt liegen. Bei der laufenden Rechnung spielt dies aber keine Rolle.

Da die Aufsichtsbehörden die Bildung von Rücklagen für die Aufrechterhaltung des Betriebes für so dringend notwendig halten, müssen wir auch zur Information des Bilanzlesers den Ausweis der Nichterfüllung dieser Pflichten in der Bilanz fordern. Es kann nicht darauf Rücksicht genommen werden, ob nun der Betrieb mit Gewinn oder Verlust arbeitet. [12])

Bei der Rücklagenberechnung ist noch wichtig zu erwähnen, daß die Lohnkosten mitberücksichtigt werden, deren Anteil bei Erneuerungen bekanntlich noch größer ist als bei Neuherstellung.

Sonstige Einnahmen zugunsten des Erneuerungsfonds, z. B. Erlös für Altmaterial, sind entgegen den Bestimmungen im Erlaß vom 2. 9. 33 — II 11377 nach dem Aktiengesetz über die G. u. V.-Rechnung zu buchen. Auch müßte wie bei Anlagen Zu- und Abgang der Erneuerungsrücklage in der Bilanz ausgewiesen werden. Beim Zugang wäre die regelmäßige Dotierung gesondert aufzuführen. Sonstige Zuführungen dürften hierauf nicht angerechnet werden, um zu zeigen, ob der Betrieb die pflichtgemäßen Zuführungen „verdient" oder nicht. Die Anlage der gesammelten Mittel müßte endgültig dem freien Ermessen der Unternehmer vorbehalten bleiben. Die kameralistische Denkweise, die in den auf der Passivseite ausgewiesenen Reserven „nur buchmäßige Reserven" sieht, verkennt vollkommen die Bedeutung dieser Posten. Für jeden an dem Unternehmen wirtschaftlich Interessierten ist in erster Linie das Vorhandensein solcher Posten von Wichtigkeit. Erst an zweiter Stelle interessieren ihn die aktiven Fonds; denn diese sagen über das Vorhandensein von Zuwachskapital nichts Endgültiges aus. Voraussetzung für die Vermittlung von Aufschlüssen ist, daß die Bilanz nach ordnungsmäßigen Grundsätzen, vor allen Dingen was die Bewertung betrifft, aufgestellt ist. Die für die Erneuerungen notwendigen Mittel werden bei Gewinnabschluß und dann stets vorhanden sein, wenn sie nicht etwa sofort durch Anlagenzuwachs wieder aufgebraucht oder sonst irgendwie schwer realisierbar angelegt worden sind. Wenn ein Unternehmen unter finanziellen Schwierigkeiten zu leiden hat, so ist ihm bestimmt mehr geholfen, wenn man ihm die Verwendung seiner Mittel freistellt. Die Verzinsung von Fonds entspricht kameralistischer Gepflogenheit, die Früchte einer Kapitalquelle bei dieser zu belassen. Diese Übung verliert aber ihren Sinn, wenn keine aktiven Fonds mehr vorhanden sind. Die Verzinsung wäre eine zusätzliche Rücklage, auf die man verzichten kann, wenn man die Rücklagesätze nur richtig bemißt.

---

[12]) Im letzteren Falle wäre die gesetzliche Rücklage heranzuziehen.

Vielleicht kann man nach sorgsamer Aufstellung eines Erneuerungsplanes an Mitteln sparen, was in bedeutendem Maße eintreten kann, wenn von Betriebswegen der Gleiskörper in möglichst viele Abschnitte aufgeteilt werden kann und ihre Erneuerung gleichmäßig auf die Gesamterneuerungszeit verteilt vorgenommen werden kann. [13]) Hierzu sind natürlich Einzeluntersuchungen notwendig.

Wegen der besonderen Verhältnisse bei Eisenbahnbetrieben muß die Rücklagenbildung als ihnen wesenseigen angesehen und dementsprechend Steuerfreiheit für sie gefordert werden, auch unter der Berücksichtigung der Anwendung von Beschaffungswerten. Wir glauben, daß hier die Möglichkeit zur steuerlichen Untreue nicht größer ist als in sonstigen Fällen. Auf die steuerliche Frage kommen wir noch in einem besonderen Abschnitt zu sprechen.

Die Rücklagenbildung für die Betriebsmittel halten wir nicht für zweckmäßig. Wir haben bereits oben mehrfach darauf hingewiesen, daß sie zahlenmäßig nicht einmal zur Wertberichtigung nach dem Gesetz ausreicht, weil die Rücklagenbildung im Prinzip nicht Vermögenserhaltung, sondern nur Anlagenerhaltung ermöglicht. Zwar kann man auch hier ähnlich wie beim Oberbau theoretisch von einem durchschnittlichen Dauerwert des gesamten Betriebsmittelparks sprechen; hier kommt aber die Lösung dieser Probleme in demselben Sinne, wie wir sie beim Oberbau vorschlugen, nicht infrage. Bei der Rücklagenberechnung kommt überdies noch die Problematik des Beschaffungspreises dazu. Sie muß nach Ersatzbeschaffung ausgerichtet sein, sonst verfehlt sie ihren Zweck.

Wenn wir auch davon absehen, daß mit der heutigen Methode der Rücklagenbildung die Grundsätze für Anlagebewertung nach Aktiengesetz nicht eingehalten werden, so können auch unter dem Gesichtspunkt des Anlagenersatzes bei näherer Betrachtung Unzulänglichkeiten, die sich in der Praxis herausstellen, nicht geleugnet werden. Zunächst ist festzustellen, daß die Preise in den Zeiträumen, mit denen wir hier zu rechnen haben, bestimmt einen dauernd fallenden Trend haben, das ist ja schließlich auch der Zweck aller Wirtschaftsorganisation. Es muß zugegeben werden, daß durch technische Neuerungen und Verbesserungen die Preise der Ersatzgegenstände die Kurve der Beschaffungskosten immer wieder nach oben biegen; aber die stärkere Tendenz muß doch die nach unten weisende sein. Es muß betont werden, daß es sich bei unseren Untersuchungen immer nur um Ersatz und nicht um Erweiterungen handelt. Nur selten wird es vorgekommen sein oder vorkommen, daß man die Rücklagesätze nach der Lokomotivtype ausrichtet, die man zu kaufen beabsichtigt, sofern man sie über-

---

[13]) vgl. unsere Ausführungen auf S. 38 ff.

haupt schon kennt. In diesen Fällen sollte man den die gesetzlich vorgeschriebenen Wertberichtigungen überschreitenden Teil einem Fonds zuführen, der dann die Bezeichnung „Rücklage" mit Recht tragen würde. Es ist eher anzunehmen, daß man die Rücklagesätze gewissenhaft nach den Lokomotivtypen ausrichtete, die man bereits im Gebrauch hatte, und daß diese infolge der technischen Neuerungen im Preise sanken, ist wohl ohne Zweifel.

Wir nehmen vielmehr an, daß man im allgemeinen richtig verfährt, wenn man dem Gesetz entsprechend von den alten Anschaffungs- und Herstellungswerten abschreibt und zwar mit einem Satz, der die technischen Neuerungen berücksichtigt, zumal man sich, wie oben erwähnt, wegen der Ersatzfinanzierung nicht sehr große Sorgen dabei zu machen braucht. Überdies scheint die Entwicklung der an die Schiene gebundenen Verkehrsmittel nach menschlichem Ermessen abgeschlossen zu sein. Der Gedanke einer Spurerweiterung, mit dem man sich bei der Reichsbahn früher mal beschäftigt hatte, wird wohl nicht mehr Wirklichkeit werden, vielweniger auf Neben- oder Kleinbahnstrecken. Vielleicht wird bei manchen Strecken eine Elektrifizierung in Erwägung gezogen werden, dazu werden aber andere Finanzierungsquellen heranzuziehen sein.

4. Steuerliche Behandlung der Erneuerungs- und Abschreibungsfrage.

Alle die oben aufgerollten Fragen sind auch für die Steuerveranlagung von großer Bedeutung. Die Steuerbehörde erkennt die Abzugsfähigkeit von Erneuerungen an, aber nicht die von Erneuerungsrücklagen. So ergibt sich bei näherer Betrachtung hier das Curiosum, daß Anlagenabschreibungen versteuert werden und Anlagenaktivierungen steuerfrei bleiben; denn die zulasten des Erneuerungsfonds vorgenommenen Erneuerungen sind indirekte Aktivierungen. Im Endergebnis wäre es gleichgültig, ob die Erneuerungen oder die Erneuerungsrücklagen abzugsfähig sind. Da wir aber wissen, daß ein Unternehmen die von ihm für die Erneuerung zurückgelegten Beträge gar nicht verbraucht, erhellt, daß diese Entscheidung überaus große Nachwirkungen hat. Es muß hier betont werden, daß die Eisenbahnbetriebe deswegen gegenüber anderen Unternehmungen bislang arg benachteiligt worden sind.

Gewiß lag es der Steuerbehörde näher, eher die Erneuerungen steuerfrei zu belassen als die Rücklagen, denn dort traten sichtbare Ausgaben in Erscheinung, wogegen der Erneuerungsfonds aus zu verschiedenen Kapitalquellen gespeist wird. — Zu den uns bekannten tritt neuerdings noch die erlassene Beförderungssteuer. — Eine summarische Behandlung ist demnach hier nicht durchzuführen.

In diesem Zusammenhang müssen wir auf das sehr wichtige Urteil des Reichsfinanzhofs im I. Senat vom 19. 12. 1934 — I A 108/33 — näher eingehen. Eine Eisenbahn-Aktiengesellschaft hat bei der Erneuerung des Oberbaues eine Profilverstärkung vorgenommen. In solchen Fällen verlangte der bereits erwähnte Erlaß vom 20. 1. 1934 — II 26912 Ma —, der allerdings mit einer diese Fragen nicht berührenden Begründung nachher wieder aufgehoben wurde, Aktivierung:

> „Bei Verstärkungen des Oberbaues (stärkeres Schienenprofil, engere Schwellenlage) ist der auf die Werterhöhung entfallende Teil dieser Aufwendungen zu aktivieren, d. h. dem Anlagekapital hinzuzurechnen, und es sind nicht — wie es vielfach geschieht — die Aufwendungen in voller Höhe über den Erneuerungsfonds zu verbuchen."

Der Reichsfinanzhof hat gegenteilig entschieden und war mit der Vorinstanz der Auffassung, daß hier Aktivierung nicht infrage komme, weil es sich hier nicht um eine Wesensänderung handelte. Die Entscheidung fußt z. T. auf einem Gutachten des Verbandes Deutscher Verkehrsverwaltungen und auf den von der Pflichtigen vorgelegten Rentabilitätsberechnungen, in denen nachgewiesen wird, daß man nicht aus Gründen der Verkehrssteigerung, sondern lediglich wegen der geringeren Verschleißfestigkeit des nach dem Kriege auf den Markt gekommenen Materials gezwungen gewesen sei, zur Aufrechterhaltung des ursprünglichen Zustandes stärkere Schienenprofile zu verwenden. Es braucht nach Meinung des R.F.H. auch trotz größerer Verschleißfestigkeit keine Wesensänderung vorzuliegen, wie aus folgender Stelle hervorgeht: „Ob die Erneuerung einer Gleisanlage im Rahmen des ganzen Betriebes eine Wesensänderung bedeutet, ist weniger nach technischen, als nach wirtschaftlichen Gesichtspunkten zu beurteilen." Eine Wesensänderung würde z. B. eintreten, wenn „eine Kleinbahn, die bisher lediglich dem Nahverkehr diente, ihre Gleisanlagen so ausbaut, daß auch D-Züge auf ihr verkehren können."

Dieser Lösung ist durchaus zuzustimmen, und wir glauben, daß der bilanzierende Kaufmann nun nicht nach Gründen suchen sollte, um die Aktivierung einer Profilverstärkung zu befürworten.

Von größerem Interesse in diesem Urteil ist für uns jedoch die Behandlung der Aktivierungsfrage bei Erneuerung überhaupt. Es dreht sich hier um die Begriffe Herstellungsaufwand und Erhaltungsaufwand, Herstellungsaufwand ist zu aktivieren, Erhaltungsaufwand nicht. Die Frage ist nun, was ist Herstellungsaufwand, was Unterhaltungsaufwand? Wir sind der Auffassung, daß das Finanzgericht und ihm folgend der R.F.H. dem Begriff des Herstellungsaufwandes Gewalt antut, wenn er ihn bei Eisenbahnbetrieben eng an den Tatbestand der Wesensänderung knüpft. Tritt demnach eine Wesensänderung nicht ein, so ist seine Auffassung nach sämtlicher Aufwand Erhaltungsaufwand. Das gilt nicht etwa nur für den Oberbau, sondern auch für die Betriebsmittel, „wenn auch zuzugeben sei, daß die erneuerten einzelnen Gegenstände anderer Art seien als die bisher vorhandenen." Der Begriff des Herstellungsaufwandes hat also hier einen viel engeren Inhalt als bei sonstigen Betrieben. Der R.F.H. ist zu diesem scheinbaren Entgegenkommen gezwungen, weil er in seiner Auffassung vom Erneuerungsfonds als echte Rücklage die Auflösung derselben steuerfrei belassen muß, denn es wurde ja bereits seine Bildung versteuert.

Das beschwerdeführende Finanzamt hielt die Erneuerungen des Oberbaues ohne Erörterung der Frage, ob Wesensänderung vorliege oder nicht, für Herstellungsaufwand und damit für aktivierungspflichtig. Bekanntlich rechnen Auswechslungen von wesentlichen Bestandteilen bei Maschinen als selbständige Untereinheiten, sonst zum Herstellungsaufwand. Das Finanzgericht führte dazu aus, daß der Oberbau nur mit dem Unterbau eine selbständige Untereinheit bilde, ohne diesen aber nicht, und er könne deshalb nicht mit den Untereinheiten anderer Betriebe, z. B. mit den Maschinen in einem Mühlenbetrieb oder in einem Spinnereibetrieb, verglichen werden. Wir müssen dem Finanzgericht in der Auffassung folgen, daß nur die Gleisanlage insgesamt (Unter- und Oberbau) eine wirtschaftliche Untereinheit bilde und glauben auch, daß der Oberbau sich offensichtlich nicht mit den Untereinheiten in sonstigen Betrieben vergleichen lasse. Wir vermögen aber nicht einzusehen, daß, wenn die Erneuerung wesentlicher Bestandteile einer Maschine als Herstellungsaufwand gilt, das entsprechende für den Oberbau bei einer Gleisanlage nicht der Fall sein soll. U.E. muß man den Oberbau als wesentlichen Bestandteil der Gleisanlage in obigem Sinne ansehen. Die Tatsache, daß der Unterbau außer in besonderen Fällen nie erneuert wird, dürfte in diesem Zusammenhang unerheblich sein. Gewiß bilden die einzelnen Abschnitte des Oberbaues, in denen die Erneuerungen vorgenommen werden, keine selbständigen Einheiten mehr, das liegt aber in der rein äußerlichen Eigenart des Gleiskörpers.

Auch die Betriebsmittel betrachtet das Finanzgericht nur insgesamt als eine Untereinheit und lehnt die Kosten für die Auswechslung der Lokomotiven als Herstellungsaufwand ab. Diese Betrachtungsweise scheint uns sehr abwegig. Die Gründe, mit denen wir diese Auffassung beim Oberbau ablehnen zu können glauben, treffen hier noch in verstärktem Maße zu. — Was den Erhaltungsaufwand beim Oberbau betrifft, so gibt es für die Steuerbehörde nach unten keine Grenze. Jede am Oberbau vorgenommene Arbeit wird schematisch als Erhaltungsaufwand angesehen. Das Auswechseln von einzelnen Schwellen, die Beaufsichtigung und Wartung der Anlage, wie das Ölen und Schmieren der Weichen, das Anziehen oder Auswechseln einzelner Schrauben und Haken sind Arbeiten, die dauernd auftreten und zur Vorbeugung von Schäden immer notwendig sind. Aber das Erneuern ganzer Streckenteile mit Bettung, Schwellen und Schienen stellen doch im Gegensatz zu der eben genannten Art von Arbeiten einen viel größeren Aufwandsanfall dar. Hier handelt es sich um Ausbau und Beseitigung abgenutzter Streckenteile und ihren Ersatz durch völlig neue.

Entsprechend unseren Vorschlägen an anderer Stelle wollen wir die Erneuerung am Oberbau als einem Vermögensteil mit der besoneren Eigenheit, die sich in dem ihm anhaftenden Dauerwert ausdrückt, als Erhaltungsaufwand gelten lassen. Das kann aber für die Betriebsmittel nicht in Betracht kommen. Neuangeschaffte Maschinen und Wagen wären nach Ausbuchung der alten als Herstellungsaufwand zu aktivieren. Für sie wäre die Billigung steuerfreier Abschreibungen zu fordern.

Das beschwerdeführende Finanzamt erklärte die Erneuerungen am Oberbau auch deswegen für steuerpflichtig, weil es den „Erneuerungsfonds" für einen Wertberichtigungsposten und die zulasten dieses Postens vorgenommenen Erneuerungen für mittelbare Aktivierungen ansah; deswegen müsse nach seiner Auffassung der Pflichtige diese Aktivierungen auch bezüglich der Steuerbilanz gegen sich gelten lassen. Das Finanzgericht ist dagegen der Meinung, „daß die Erneuerungsrücklage nach ihrer geschichtlichen Entwicklung und ihrer gesetzlichen und konzessionsmäßigen Bestimmung jedenfalls insoweit nicht als Wertberichtigungsposten gegenüber der Bahnanlage behandelt werden könne, als sie tatsächlich und ausschließlich den Gegenposten für die auf der Aktivseite ausgewiesenen, für die Zwecke der Erneuerung der Bahnanlage besonders angelegten und verwalteten Werte bilde". Wenn aber das Unternehmen nun die Mittel des Erneuerungsfonds nicht besonders anlegt, wie es heute üblich ist, und deswegen nicht besonders ausweist, müßte dann der Erneuerungsfonds ein Wertberichtigungsposten sein? Wir sehen, daß das Finanzgericht diese Frage nur oberflächlich untersucht hat. Nach dem obigen Zitat ist jedenfalls die Stellung des „Erneuerungsfonds" stark erschüttert, was aus der Einschränkung durch „insoweit" hervorgeht. So ist auch der an anderer Stelle dieses Urteils genannte „Erneuerungsfonds" in der Goldmarkeröffnungsbilanz zu dem Konto „Bahnanlage I" [15]) in Höhe von 706.000 RM nur mit 66.365,32 RM ausgewiesen, der Rest von 639.634.68 RM aber ist ein Wertberichtigungsposten. Warum dann der irreführende Oberbegriff „Erneuerungsfonds"?

---

[15]) Das Konto „Bahnanlage II" enthält den Anlagenzuwachs nach der Aufstellung der Goldmarkeröffnungsbilanz.

In der buchmäßigen Auswirkung, daß sich gleichzeitig die Aktiv- und Passivseite vermindert, liegt, wie das Finanzgericht weiter ausführt, keine Aktivierung begründet. Es kommt hier entscheidend auf die Auffassung vom passiven Erneuerungsfonds an; denn, erfolgt die Buchung zulasten einer echten Rücklage, so liegt keine Aktivierung vor, sondern die Legung einer stillen Reserve. Wir vermögen deswegen der Annahme des Finanzgerichts nicht zu folgen, wenn es weiter sagt, daß nur dann eine mittelbare Aktivierung anzunehmen sei, wenn eine Minderung der Passivrücklage erfolge, ohne daß in entsprechender Höhe die Werte der Aktivdeckung verwendet würden. Wenn nämlich die Rücklage stärker belastet wird als Aktivwerte zur Erneuerung verwendet werden, so muß unter gleichbleibenden Verhältnissen die Differenz als außerordentlicher Ertrag in der G. u. V.-Rechnung erscheinen. Ist der Erneuerungsfonds ein Wertberichtigungsposten, so liegt zweifellos eine mittelbare Aktivierung vor; wird der Wertberichtigungsposten im Verhältnis zu den Gutschriften auf den aktiven Konten mehr belastet, so findet über die mittelbare Aktivierung hinaus noch eine Höherbewertung der Anlagen statt.

Allem Anschein nach war der von der Pflichtigen ausgewiesene Erneuerungsfonds ein Wertberichtigungsposten; die auf ihm verbuchte Lastschrift kommt demnach einer Aktivierung gleich, die aber nicht zu versteuern war, da ja dann eine Doppelversteuerung eingetreten wäre. Die umstrittene Aktivierung der Mehrkosten für die Profilverstärkung ist für diese Fragen unerheblich; hier wurde, wie erinnerlich, die Aktivierung wegen des Fehlens der Wesensänderung nicht für notwendig erachtet.

B. Spezialreservefonds.

Der Spezialreservefonds,[16] sog. zum Unterschied vom gesetzlichen Reservefonds, hat für die Eisenbahnbetriebe den Charakter einer Selbstversicherung für Vermögensschäden durch Elementarereignisse. In den Ausführungsanweisungen zum Kleinbahngesetz heißt es:

> Der Spezialreservefonds dient zur Bestreitung von Ausgaben, die durch außergewöhnliche Elementarereignisse und größere Unfälle hervorgerufen werden.
> Diesem Fonds sind zuzuführen:
> a) der Betrag der verfallenen, nicht abgehobenen Dividenden und Zinsen,
> b) die Zinsen des Fonds selbst,
> c) eine aus dem Reinertrage zu entnehmende jährliche Rücklage.
> Die jährliche Rücklage ist mit 1/2 bis 3% des Reinertrages zu bemessen.
> Erreicht der Spezialreservefonds den Betrag von 5% des Anlagekapitals,

[16]) Im neuen Bilanzformblatt ist eine besondere Position nicht vorgesehen.

so können für die Dauer des Bestandes weitere Rücklagen unterbleiben. Die Anordnung über die Höhe der Rücklagen sind dem Regulativ vorzubehalten.
Für die Privateisenbahnen finden sich entsprechende Bestimmungen in den Konzessionsurkunden.

Im Gegensatz zu den Zuweisungen zum Erneuerungsfonds werden die zum Spezialreservefonds aus dem Reinertrag genommen, er trägt also die Bezeichnung „Reservefonds" zu Recht. In der Ausf.Anw. zum § 11 des Kleinbahngesetzes heißt es: „die jährliche Rücklage zum Spezialreservefonds ist aus dem Reinertrage, d. h. dem tatsächlich zur Verteilung kommenden Gewinn zu entnehmen"; [17]) im Normalbuchungsformular rangiert er allerdings in derselben Rubrik (Abschluß II) wie der Erneuerungsfonds.

Bei der Vorschrift über den notwendigen Höchstbestand des Spezialreservefonds ist vom Anlagevermögen die Rede. Es erhebt sich die Frage, ob der Spezialreservefonds zur Deckung von Schäden am ganzen Anlagevermögen mit Dienstgebäuden und Werkstätten dienen soll, oder ob er nur für die Schäden des unmittelbar am Bahnbetrieb beteiligten Vermögens in Anspruch genommen werden soll. Wir möchten analog der Bestimmungen über den Erneuerungsfonds das letztere annehmen, wobei aber neben Oberbau und Betriebsmitteln auch der Unterbau, Brücken, Tunnel usw. beteiligt sein müßten. Entsprechend müßte man die 5% nur auf dieses Anlagevermögen beziehen.

Bezüglich der Anlage und Verzinsung der im Spezialreservefonds gesammelten Mittel gelten dieselben Vorschriften wie beim Erneuerungsfonds. Die Absonderung der Fondsmittel halten wir hier für noch weniger notwendig als beim Erneuerungsfonds.

Nach den Ausführungsanweisungen zum Kleinbahngesetz kann eine Bahnunternehmung von der Pflicht zur Ansammlung eines Spezialreservefonds ganz befreit werden, „wenn und solange die Erreichung seines Zwecks durch die Zugehörigkeit zu einem für zulässig erachteten Versicherungsunternehmen gewährleistet ist". [18]) Ein Erlaß vom 1. 6. 1900 (Klb.-Zeitung 391) bestimmt aber: daß .... „die Mitgliedschaft in einem Versicherungsverein von Bahnunternehmungen auf Gegenseitigkeit, der den Geldbedarf seiner Mitglieder zur Bestreitung von Ausgaben infolge von Unfällen lediglich durch Umlagen auf die Mitglieder deckt oder die Ausgaben nicht in vollem Umfange, z. B. nicht bei Unfällen infolge höherer Gewalt, übernimmt, kann als ausreichender Ersatz für die Bildung eines Spezialreservefonds nicht angesehen werden."

---

[17]) Vgl. Hein-Krüger, a. a. O. I. Bd., S. 87.
[18]) Vgl. Hein-Krüger, a. a. O. I. Bd., S. 87.

C. Heimfallfonds.

In den Konzessionsurkunden ist die Dauer der Konzession für den Betrieb der Bahnen meist nicht angegeben, man nimmt dann gewöhnlich den Zeitraum von 99 Jahren an. Es wird auch meist nicht gesagt, was nach Ablauf der Konzessionszeit geschehen soll. Die bayerischen Eisenbahnunternehmungen z. B. unterliegen meist dem Heimfall, d. h., daß das Eigentum der Anlagen ohne Gegenwert an den Konzessionsgeber übergeht. Der unentgeltliche Eigentumsübergang braucht sich jedoch nicht immer auf das ganze Anlagevermögen zu erstrecken. So sagt der § 7 des Bayerischen Eisenbahngesetzes von 1855, daß den Unternehmern das Mobiliarvermögen verbleibt, „sowie die zum Bahnbetriebe erforderlichen Inventarstücke, namentlich Lokomotiven, Transportwägen etc., wofür der Staat, wenn er solche ablösen will, eine besondere — nötigenfalls schiedsrichterlich festzustellende — Vergütung zu leisten hat". Man spricht auch von Heimfall, wenn der Gegenwert dem Übergangswert wenigstens nicht annähernd entspricht.

In allen Gesetzen und Konzessionsurkunden behält sich der Staat das Recht vor, die Anlagen schon vor Ablauf der Konzessionszeit zu erwerben. Manchmal ist eine Mindestbetriebszeit festgesetzt, so im Preußischen Eisenbahngesetz von 1838. „Die Abtretung kann nicht eher als nach Ablauf von 30 Jahren von dem Zeitpunkt der Transporteröffnung an gefordert werden" (§ 42). Man hält sich jedoch nicht daran und setzt erst die Zeit herab; das Kleinbahngesetz erwähnt eine Mindestbetriebszeit nicht. Es wird nur in den Ausführungsanweisungen zu § 13 gesagt, daß (bei Genehmigung auf Zeit) die Dauer der Genehmigung ausreichend genug bemessen sein muß, um den Unternehmen die Möglichkeit der Amortisation des Anlagekapitals zu gewähren. Dies gilt vor allem bei Genehmigungen für Kleinbahnen, die öffentliche Wege benutzen (vgl. § 6). Hier darf nämlich die Genehmigung nicht über die Zeit hinausgehen, für die dem Unternehmer die „Zustimmung" zur Benutzung der öffentlichen Wege gegeben wurde, in jedem Fall muß hier irgendwie eine Übereinstimmung erzielt werden, so bei Verlängerungen oder bei Widerruf der „Zimmung" u. ä.

Ist neben Vorschriften über Zeitpunkt und Ankündigung der Übernahme auch von Grundsätzen über Berechnung von Übernahmepreisen die Rede, so kann man von Heimfall eigentlich nicht mehr sprechen; so wird im Preußischen Eisenbahngesetz die mit 4% kap'talisierte durchschnittliche Dividende der letzten 5 Jahre zugrunde gelegt. Das ist nur ein Anhaltspunkt; denn zweifellos ist gerade die Dividende keine geeignete Grundlage für solche Berechnungen. Der Staat übernimmt dann auch die gesammelten Fonds und die Verpflichtungen. Das Preuß:sche Kleinbahngesetz sieht ebenfalls keinen Heimfall, also keinen entschädigungslosen Erwerb vor. Nach § 30 ff., die den vorzeitigen Erwerb regeln, wird dem Unternehmer die Entschädigung des vollen Wertes gewährt. Ebenso heißt es im § 6: „Die (Wege-)Unterhaltungspflichtigen können für die Benutzung des Weges ein angemessenes Entgelt beanspruchen, ingleichen sich den Erwerb der Bahn im ganzen nach Ablauf einer bestimmten Frist gegen angemessene Schadloshaltung des Unternehmers vorbehalten".

Für die Schadloshaltung kann der Unternehmer den Sachwert oder den Ertragswert beanspruchen. Der Sachwert umfaßt „die Bahneinheit" nach § 4 des Bahneinheitengesetzes vom 19. 8. 1895, hier sind Grundstücke, Baulichkeiten, Fonds, Rechte mit verschiedenen Ausnahmen und Umgrenzungen aufgeführt. Bezüglich der Forderungen wird gesagt, daß nur die aus dem Betrieb der Kleinbahn unmittelbar erwachsenen mitberücksichtigt werden. Wenn über die Bahnschulden nichts vereinbart ist, so werden sie nicht übernommen. [19]) Der Ertragswert nimmt nach § 31 Kleinb.Ges. das steuerpflichtige Einkommen allerdings mit gewissen Korrekturen nach den Bestimmungen des Einkommensteuergesetzes vom 24. 6. 1891 zur Grundlage, demnach wäre eine „Heimfallabschreibung" nur für die Schulden vorzunehmen. Die in der Konzessionszeit nicht fälligen Rückzahlungen müssen also in einem besonderen Fonds gesammelt werden.

Die Frage der Heimfallabschreibung für Teile der Betriebe oder ganze B triebe kann also unter verschiedensten Verhältnissen und Bedingungen praktische Bedeutung erlangen, und ihr Ausweis in der Bilanz muß dann unbedingt gefordert werden.

Über den Charakter des Heimfalls gibt es verschiedene Auffassungen. Mit Rücksicht auf die Verpflichtung zur späteren Herausgabe spricht Passow [20]) von einer Schuld, für die man während der Betriebszeit regelmäßig bestimmte Beträge zurückstellt, so daß bei Fälligkeit die gesamte Schuld in der Bilanz ausgewiesen wird. Diese Schuld hätte aber dann im Vergleich zu den anderen in der Bilanz ausgewiesenen Verpflichtungen rein dinglichen Charakter. Ablehnen kann man diesen juristischen Standpunkt jedenfalls nicht mit der Begründung von Voigt, [21]) der argumentiert, daß man dann Zinsen rechnen müßte; denn Schulden sind auch ohne Zinsen durchaus denkbar. Oft betrachtet man die heimfällige Anlage als ein zeitlich beschränktes Recht ähnlich wie ein Patentrecht, und schreibt sie deswegen ab, so daß sie im Zeitpunkt des Heimfalls entsprechend ihrer für die Unternehmung tatsächlich vorhandenen Wertlosigkeit völlig abgeschrieben ist. Bei indirekter „Abschreibung", wie beim Heimfall üblich, würden

---

[19]) Hein-Krüger, a. a. O., Bd. I, S. 66.

[20]) Passow, a. a. O., Bd. II, S. 277.

[21]) Voigt, „Abschreibungen u. Rücklagen bei Privatbahnunternehmungen". Druckerei St. Georgsheim Birkeneck, 1933, S. 67.

wir dann einen Wertberichtigungsposten erhalten, der natürlich hier einen anderen Charakter als der sonst gemeinte hätte. In einer amtlichen Anleitung der Reichsbahndirektion Berlin für die erweiterte Aufsichtsprüfung (S. 72) werden die Rücklagen in den Heimfallfonds als freiwillige Rücklagen bezeichnet, die nur aus dem Gewinn gestattet seien. Dieser Auffassung kann kaum zugestimmt werden.

Man könnte noch zu den beiden zuerst angeführten Auffassungen manches Für und Wider sagen, eine Entscheidung ist jedenfalls für die Lösung der hier auftretenden Fragen ohne Bedeutung. Festzuhalten ist nur, daß die Heimfallabschreibungen gleichmäßig auf die Konzessionszeit zu verteilender Aufwand sind. Entsprechend ist auch seine steuerliche Behandlung durch das Urteil des Reichsfinanzhofs vom 23. Dezember 1931 dahingehend geklärt worden, daß, „wenn die Konzession an einem bestimmten Zeitpunkt abläuft, und der Unternehmer dann verpflichtet ist, auf Verlangen des Konzessionsgebers das Unternehmen entschädigungslos aufzulassen, der Bahnunternehmer berechtigt ist, für diesen Fall Rücklagen zu schaffen." Der Verzicht auf Heimfallabschreibung würde einer Täuschung über die Vermögens- und Erfolgsverhältnisse gleichkommen. Von verteilungsfähigem Gewinn kann demnach keine Rede sein, bevor die Heimfallabschreibungen vorgenommen sind. Hier müssen bestimmte Abschreibungssätze Geltung haben, die nicht von Jahr zu Jahr geändert werden. Die Gefahr, mit Heimfallabschreibungen Gewinnpolitik zu treiben, liegt näher als bei gewöhnlichen Abschreibungen. (Vgl. die obige Bemerkung aus der Anleitung für die erweiterte Aufsichtsprüfung). Im allgemeinen wird unter Berücksichtigung der strukturellen Lage der Eisenbahnen eine fallende Abschreibung zu empfehlen sein. Sie müßte heute also recht hoch bemessen sein, um dann entsprechend den sinkenden Einnahmen langsam abzunehmen. Die Verhältnisse können jedoch von Fall zu Fall verschieden sein; so wird die Eisenbahn mancherorts in der Beförderung von wertvollen Massengütern von den konkurrierenden Transportmitteln nur schwer zu schlagen sein. Für die Aufrechterhaltung einer Bahn kann auch mitunter ein außerwirtschaftliches Interesse vorliegen. Dann wird sich vielleicht eine Abschreibung mit steigenden Quoten vertreten lassen.

Bei Berechnung der Heimfallabschreibung geht man gewöhnlich vom Anlagevermögen aus. Das Ergänzungs- und Erneuerungsmaterial, sowie die Kraftstoffe werden meist gegen Entschädigung erworben; sie unterliegen dem Heimfall also nicht. Über Forderungen und vorhandene Fonds werden meist Sondervereinbarungen getroffen. Es bleibt also nur das im Anlagevermögen investierte Kapital übrig. Ob hier Korrekturen vorzunehmen sind, hängt davon ab, ob die Verbindlichkeiten vom Konzessionar übernommen werden oder nicht. Werden die Verbindlichkeiten übernommen, dann ist die Heimfallabschreibung zweifellos zu hoch. Eine genaue Zurechnung der Kapitalteile wird unmöglich sein, aber es muß versucht werden, wenigstens Annäherungswerte zu erreichen. Die bei der Bilanzkritik üblichen Betrachtungen über Eigenkapital, lang- und kurzfristiges Fremdkapital und seine Deckung in den Aktiven können auch hier zu Hilfe genommen werden. Gewöhnlich werden die Verbindlichkeiten vom Konzessionar nicht übernommen. Dann ist für die Heimfallabschreibung das gesamte Anlagevermögen zugrunde zu legen. Wenn die Fälligkeitstermine außerhalb der Konzessionszeit liegen, dann müssen die Mittel für die notwendigen Zahlungen sichergestellt sein. Es ist hierbei darauf zu achten, daß auch die Zinsen bereits während der Konzessionszeit aufgebracht werden.

Um die Rückzahlungsverpflichtungen an die eigenen Kapitalgeber am Ende der Konzessionszeit erfüllen zu können, müssen nun in demselben Maße flüssige Mittel vorhanden sein, wieviel das investierte Kapital beträgt. Unter der Voraussetzung, daß die Anlagen völlig gebrauchsfähig übergeben werden müssen und keine Kapazitätserweiterungen in der Zwischenzeit stattgefunden haben, muß also eine Verdoppelung des anfangs aufgebrachten Kapitals eingetreten sein. Bei Kapazitätserweiterungen muß auch das in sie investierte Kapital flüssiggemacht sein.

Z. Zt. des Heimfalls gibt es nur wenige Anlagen, die schon bei Gründung des Unternehmens zu ihm gehörten; die meisten sind völlig neue oder auch erneuerte Anlagen. Der Betrieb darf bei Übergabe nicht völlig abgenutzt und unbrauchbar sein, sondern muß im betriebsfähigen Zustand übergeben werden. Für die Anlageteile, die gerade im Zeitpunkt des Heimfalls unbrauchbar geworden sind, müssen entsprechende Mittel für die Neuanschaffung vorhanden sein. Die heimfallenden Anlagen, seien es alte, neue, erneuerte, völlig-, halb- oder dreiviertel-abgenutzte, werden von Morgenthaler [22]) treffend „letzte Anlagen" genannt. Die in diesen Anlagen z. Zt. des Heimfalls verkörperten Werte geben die Höhe des drohenden Verlustes an; diesen gilt es zu verhindern, und zwar dadurch, daß man in den vorangehenden Jahren dem plötzlich eintretenden Wertverfall durch Kapitaltilgungen vorgreift. Das Problem besteht also einmal in der Messung des drohenden Verlustes, zum andern in seiner Verteilung auf die Konzessionszeit.

Der Schätzung des Wertes der letzten Anlagen muß zunächst eine Aufgliederung der im Betrieb arbeitenden Anlagen vorausgehen, und zwar nach dem Gesichtspunkt, welche von den Anlagen letzte Anlagen sein werden, und welche es nicht sein werden. Die letzten Anlagen sind weiter zu unterscheiden in

---

[22]) Morgenthaler, „Die Anlagenbewertung bei Heimfallgesellschaften", Wirtschaftstreuhänder 1936, S. 101.

solche, die nicht abzuschreiben sind (Grundstücke, Unterbau), in solche, die abzuschreiben sind (Gebäude, Brücken) und solche, die erneuert werden (Oberbau). Bei den letzten Anlagen macht die Heimfallabschreibung besondere Schwierigkeiten dort, wo neben dieser noch die Abschreibung wegen technisch-wirtschaftlicher Wertminderung auftritt. Diese Frage gewinnt noch mehr an Bedeutung bei den sogenannten Ersatzanlagen, das sind Anlagen, die nicht von Anfang an zu den letzten Anlagen gehören.

Bei Grundstücken usw. ist der Heimfallwert und damit die Abschreibung bekannt. Zu überlegen wäre hier nur, ob man die gleichbleibende, die fallende oder die steigende Abschreibung wählt. Verhältnismäßig einfach ist auch die Heimfallabschreibung beim Oberbau. Durch Erneuerungen und Instandhaltungen behält er seinen betriebsfähigen Zustand, der sich zahlenmäßig in dem bereits bekannten Dauerwert ausdrückt. Dieser Dauerwert zeigt die Höhe des Kapitalverlustes an. Er ist bekanntlich Schwankungen unterworfen, die gerade im Zeitpunkt der Übergabe ins Gewicht fallen könnten. Man wird dann zum Ausgleich den ggf. noch zu übergebenden Erneuerungsfonds heranziehen. Aus diesen Betrachtungen heraus ergibt sich die Forderung, die Dotierungen für den Erneuerungs- und den Heimfallfonds unter strenger Beachtung der Übergangsbestimmungen gerecht zu verteilen. Gegen Ende der Konzessionszeit können früher vorgenommene Fehlschätzungen rechtzeitig korrigiert werden.

Ungleich schwieriger ist die Lösung des Problems bei denjenigen Anlagen, die nicht von Anfang an zum Betrieb gehörten, sondern neue an die Stelle der alten getretene Ersatzanlagen sind. Die Schwierigkeit liegt hier wie gesagt in dem Auftreten der beiden konkurrierenden Abschreibungen. Eine Trennung dieser beiden Abschreibungen bis zum Ende der Konzessionszeit ist unbedingt erforderlich. Sie ist eigentlich schon in der Tatsache gegeben, daß die Abschreibungen verschiedene Grundlagen haben und verschiedene Zwecke verfolgen. Die Abschreibung wegen technisch-wirtschaftlicher Wertminderung knüpft an die bereits im Betrieb befindlichen Anlagen an, die Heimfallabschreibung aber an das „investierte Kapital".

Da nun erfahrungsgemäß die Anlagen unter Voraussetzung ordnungsgemäß verrechneter Abschreibungen im Durchschnitt mit etwa 60% ihres Anschaffungswertes zu Buche stehen, in diesem Zustand also voll betriebsfähig sind, kann die oben erwähnte Verdoppelung des ursprünglich investierten Kapitals hier bei dieser Art von Anlagen um den entsprechenden Betrag gekürzt werden. Der Kapitalverlust droht nur in der Höhe des ebenerwähnten Buchwertes. Die aufgelaufenen Heimfallabschreibungen mit den aufgelaufenen Abschreibungen für technisch-wirtschaftliche Wertminderung müssen zusammen am Ende der Konzessionszeit dem investierten Kapital entsprechen.

Vielfach werden Vorschläge gemacht, die dahin gehen, die in den letzten Jahren der Konzessionsdauer dicht gedrängt auftretenden Abschreibungen auf die ganze Zeit zu verteilen. So zeigt Morgenthaler[23]) folgenden Weg. Die gesamten Anlagen werden zunächst nach geschätzter Lebensdauer aufgegliedert. Die Unterscheidung in letzte Anlagen und Ersatzanlagen ist dadurch gegeben. Die Wiederholung des Anlagenersatzes soll aufgrund der geschätzten Lebensdauer der einzelnen Anlagenglieder in der Wiederholungskette und der bekannten Konzessionsdauer errechnet werden, man erhält dann die „letzten Jahre", auf welche der geschätzte Wert der letzten Anlagen verteilt werden müßte. Wegen der übergroßen Belastung der letzten Jahre sollen nun die errechneten Beträge auf die ganze Konzessionszeit verteilt werden. Die Gegenwerte zu den letzten Anlagen finden sich dann nur im Heimfallfonds. „Das Wertberichtigungskonto (bei indirekter Abschreibung für technisch-wirtschaftliche Wertminderung) wird sich daher mit fortschreitender Vertragszeit ständig verringern, weil die erneuerten Anlagen (Ersatzanlagen) fortschreitend letzte Anlagen werden und ihre Gegenwerte sich im Heimfallfonds sammeln."

Bei dieser Methode, die genauer sein will als die vorher geschilderte, ist man deswegen auch in weit stärkerem Maße auf Schätzungen angewiesen. Man kann nur schlecht die Grundlagen für die notwendigen Zahlen aus den Büchern greifen. Für die Anschaffungswerte der letzten Anlagen und die Lebensdauer der Ersatzanlagen, die wesentlichen Zahlen, sind ggf. vorliegende Erfahrungswerte schlechthin unbrauchbar. Schließlich ist die Verkopplung der vergleichsweise sicheren Abschreibung wegen technisch-wirtschaftlicher Wertminderung mit der unsicheren Heimfallabschreibung nicht gutzuheißen, abgesehen davon, daß die Ergebnisse der letzten Jahre mit den vorangegangenen nicht mehr vergleichbar sind.

Wir sind uns der Schwächen der vorher erwähnten Methode auch mit Rücksicht auf die Verwendung der Restbuchwerte bewußt; grob gesagt wird einfach das ursprünglich investierte Kapital mit der bekannten Korrektur zugrunde gelegt, sonst nichts weiter. Es können in späteren Jahren plötzlich Erneuerungen und Erweiterungen notwendig sein, die alle Berechnungen illusorisch machen. In der Praxis ist es aber dann häufig so, daß diese außergewöhnlichen Bauten und Anschaffungen vom Konzessionar gegen Entschädigung übernommen werden, überdies ließen sich aber durch regelmäßige Untersuchungen notwendige Richtigstellungen rechtzeitig vornehmen.

Der Restbuchwert von etwa 60% braucht nicht für jeden Betrieb maßgebend zu sein. Man wird aber mit Hilfe von nebeneinander gestellten Bilanzen einigermaßen sichere Werte finden. Ob die in den Eisenbahnbilanzen ausgewie-

---

[23]) Morgenthaler, a. a. O.

senen Zahlen allerdings die Grundlage für solche Berechnungen bieten könnten, müßte erst eingehend geprüft werden. Wir wiesen bereits in anderem Zusammenhang auf die Zweideutigkeit des Erneuerungsfonds hin.

D. Unterstützungsfonds.

Um den Beschäftigten bei den Privateisenbahnen, was die Ruhegehaltszahlung betrifft, dieselben Vorteile zukommen zu lassen wie den bei der Reichsbahn, werden die Privatbahnen im allgemeinen bei der Konzessionserteilung ang halten, entsprechende Einrichtungen zu schaffen. Die Privatbahnen, die keine eigenen Fonds haben (es können wohl über 90% sein), gehören der „Pensionskasse Deutscher Privateisenbahnen" an. Sie trägt den Charakter eines Gewährleistungsverbande. Bei den betreffenden Eisenbahnverwaltungen tritt ein Bilanzierungsproblem für Pensionverpflichtungen nicht auf. Uns interessieren also nur die Bahnen, die die Ruhegehaltszahlungen selbst vornehmen. Weiterhin ist nur die Frage der Passivierung von Pensions*verpflichtungen* Grundlage unserer Untersuchung, das sind also nur Fälle, in denen ein Unternehmen sich zur Zahlung von Ruhegehältern vertraglich verpflichtet hat.

Die Verpflichtung zur Pensionszahlung liegt meist schon im Anstellungsvertrag begründet. Sie entsteht aber nicht schon im Augenblick der Anstellung, sondern erst nach einer gewissen Probezeit, meist sind es 3 bis 5 Jahre. Vielfach wird aber auch, z. B. bei langjährigen Angestellten, die Pensionszahlung als Anerkennung für ihre Dienste zugesagt. Für die Beschäftigten der Privateisenbahnen tritt die Pensionsberechtigung gleich nach der üblichen viel kürzer bemessenen Probezeit, d. h. gleich bei der Anstellung in Kraft. Mit der Pensionsverpflichtung ist hier dann auch eine Witwen- und Waisenpension verbunden.

In der bilanz- und erfolgsmäßigen Behandlung von Pensionsverpflichtungen ist man seit kurzem bestrebt, eine einheitliche Linie einzuhalten. Das Institut der Wirtschaftsprüfer hat in dem bekannten Gutachten vom 31. Juli 1933 zu dieser Frage eingehend Stellung genommen und kam zu der Auffassung, daß unkündbare und unwiderrufliche Pensionszusagen eines Privatunternehmens gegenüber Angehörigen seiner Gefolgschaft zu passivieren seien; zwar ergäbe sich diese Forderung nicht aus dem Wortlaut des Gesetzes selbst, „wohl aber aus den im Gesetz als Generalregel genannten Grundsätzen ordnungsmäßiger Buchführung und Bilanzierung". Als Übergangsregelung für bisher nicht vorgenommene Rückstellungen hält das Institut eine Nachholung innerhalb von 10 Jahren für vertretbar. Dieser Vorschlag zur Übergangserleichterung wurde aus taktischen Gründen gemacht, um dem unter Hinweis auf die Ausnahmeverhältnisse bei dieser Frage gemachten Einwand gegen die grundsätzliche Passivierung zu begegnen. Die Handelspraxis hält im großen und ganzen trotzdem an ihrer bisherigen gegenteiligen Auffassung fest. Die Eisenbahnbetriebe weisen in ihren Bilanzen nur vereinzelt Pensionsverpflichtungen aus. Wir wollen diese Frage zunächst etwas allgemeiner betrachten und halten uns im wesentlichen hierbei an die Ausführungen von Krause.[24])

Für die bilanz- und erfolgsmäßige Behandlung der Pensionsverpflichtungen ist einmal ihr Schuld-, zum anderen ihr Aufwandcharakter zu untersuchen. Bei näherer Betrachtung der Pensionsverpflichtungen und ihrer Fälligkeit fällt sofort die zwangsläufige Unterscheidung in laufende und künftige Verpflichtungen auf. Von laufenden Verpflichtungen spricht man dann, wenn der Pensionsfall bereits eingetreten ist, künftige Verpflichtungen liegen vor, wenn der Berechtigte noch nicht pensioniert ist, also seinerseits die Dienstleistung noch nicht restlos erfüllt hat.

Obwohl sich das Unternehmen durch Vertrag, der übrigens auch formlos sein kann, zur Pensionszahlung verpflichtet hat, kann allein aus dem rechtlichen Charakter dieser Abmachung eine Bilanzierungspflicht noch nicht hergeleitet werden. Diese Frage kann erst bejaht werden, wenn feststeht, daß der Pensionsberechtigte seine aus dieser Abmachung herrührende Verpflichtung, nämlich die Ableistung der Dienstzeit, erfüllt hat, da im allgemeinen nur einseitige Schuldverhältnisse ihren Niederschlag in der Bilanz finden. Wenn z. B. ein Kaufvertrag über ein Grundstück zustande gekommen ist, worin der Eigentümer sich verpflichtet, das Eigentum an dem Grundstück dem Käufer zu übertragen und der Käufer sich verpflichtet, den hierfür geforderten Kaufpreis zu zahlen, so kommt dieses Geschäft in der Bilanz nur zum Ausdruck, wenn einer von beiden mit seiner Leistung im Rückstand ist; es wird also trotz Bestehens der beiderseitigen Verpflichtungen in der Bilanz nichts vermerkt. Demnach wären Pensionsverpflichtungen, wie erwähnt, nur dann zu passivieren, wenn der Beschäftigte seinerseits geleistet hat, der Pensionsverpflichtete aber noch nicht. Die Höhe der zu passivierenden Schuld hat mit dieser grundsätzlichen Frage nichts zu tun. Man kann gegen den Grundsatz jedenfalls nicht mit dem Hinweis auf die unbestimmte Höhe der Schuld ankämpfen. Auf der Aktivseite bei der Bewertung von unsicheren Forderungen tritt die Frage übrigens analog auf; niemandem würde es einfallen, hier gleich von einer nichtigen Forderung zu sprechen.

Dieses Zusammenwirken der rechtlichen und wirtschaftlichen Betrachtungsweise für die Behandlung der Pensionsverpflichtung ist aber nicht von Erfolg begleitet bei der Frage der Passivierung von künftigen Verpflichtungen. Der

---

[24]) Krause, „Grundsätze ordnungsmäßiger Bilanzierung für Pensionsverpflichtungen" — Veröffentlichungen der Schmalbach-Vereinigung, Bd. III, Leipzig 1935.

Unternehmer kann nämlich seinerseits mit dem Anspruch auf Leistung der Dienste vonseiten des Pensionsberechtigten aufrechnen. Es entspricht nicht kaufmännischer Gepflogenheit, solche Schuldverhältnisse in die Bilanz aufzunehmen.

Zahlenmäßig betrachtet halten sich diese Ansprüche aber nur im ersten Jahr der Anstellung die Waage. Von dann ab verschieben sie sich zu ungunsten des Unternehmers.

Wenn die Ansprüche vonseiten des Versorgungsberechtigten auch zu einer viel späteren Zeit erst geltend gemacht werden, so ist doch nicht zu verkennen, daß das Vermögen schon vor Ablauf des Dienstverhältnisses starken Belastungen unterliegt, die nicht allein nur bei Übergang des Unternehmens von einer Hand in die andere und ähnlichen Fällen geltend gemacht werden, sondern auch bei sonstigen finanziellen Maßnahmen in Betracht gezogen werden müssen. Die Vermögensverhältnisse würden demnach nicht vollständig dargestellt werden, wenn man auf Rückstellungen für solche Belastungen verzichten wollte.

Die Pensionszusage geschieht, wie oben dargelegt, entweder schon im Anstellungsvertrag oder nachher aus Anerkennung besonderer Dienste. Wenn man sich diese Bedingungen vor Augen hält, wäre es nicht richtig, nur die Gehaltszahlung allein unter Aufwand zu buchen; allen Jahren, in denen das geschieht, würde unbilligerweise ein zu hoher Ertrag zuerkannt werden, da gerade diesen Jahren die überdurchschnittliche Arbeitskraft zugute kommt, die Jahre nach dem Pensionsfall hätten aber ungerechterweise den ganzen Aufwand zu tragen. Die nach versicherungsmathematischen Grundsätzen errechneten Pensionsverpflichtungen müssen also schon vor Eintritt des Pensionsfalls unter Aufwand erscheinen. Die Pensionsaufwände stellen sich dann als vorenthaltene Gehaltsteile dar und finden nach doppischen Grundsätzen ihren Niederschlag automatisch unter den Passiven, wo sie in einem „Fonds" gesammelt werden. Die Notwendigkeit der Verzinsung braucht nicht weiter untersucht zu werden, wenn man sich vor Augen hält, daß der Unternehmer in demselben Maße Betriebskredit entbehren kann als er diesen Fonds in Anspruch nimmt; sie kann dagegen nicht erklärt werden aus einem, wie man konstruieren könnte, dem Unternehmen vonseiten des Angestellten zur Verfügung gestellten Darlehn.

Anschließend wollen wir die steuerrechtliche Stellungnahme zu diesen Dingen betrachten, zunächst für die Einkommensteuer. Die Abzugsfähigkeit von Pensionslasten wird vom R.F.H., wie aus einer Reihe von Entscheidungen [25]) hervorgeht, nur beim Vorliegen verbindlicher Verpflichtungen anerkannt,

---

[25]) Urteil vom 18. 2. 1921 Slg. Bd. 5, S. 96.
„ „ 29. 5. 1923 Slg. Bd. 12, S. 231.
„ „ 11. 12. 1928 Slg. Bd. 24, S. 310.
„ „ 5. 2. 1929 RStBl. 1929, S. 331.
„ „ 26. 3. 1929 RStBl. 1929, S. 337.
„ „ 20. 12. 1930 StuW 1930, Nr. 1172.

und zwar sind periodenmäßig Aufwandposten nach Versicherungsgrundsätzen zu bilden, dabei ist auf das jeweilige Jahresergebnis natürlich keine Rücksicht zu nehmen (18. 2. 21). Im Urteil vom 11. 12. 1928 bespricht der R.F.H. den Fall der künftigen Verpflichtungen und erkennt auch hierfür die jährliche Rückstellung als abzugsfähig an. Ein höherer Abzug aber als derjenige einer ersparten Versicherungsprämie wird nicht zugebilligt, weil man erwartet, daß eine Gesellschaft, die das Risiko mit den üblichen Versicherungsprämien nicht decken kann, einen Vertrag mit einer fremden Versicherungsgesellschaft abschließt.

Früher unterlassene Rückstellungen für Pensionsverpflichtungen dürfen, wie im Urteil vom 5. 2. 1929 entschieden, nicht nachgeholt werden. Hieraus erklärt sich auch z. T. die Abneigung der Praxis, unterlassene Rückstellungen nachzuholen, weil zwar gezahlte Pensionen abzugsfähig sind, es aber zweifelhaft ist, ob später die Zahlungen zulasten einer so nachgeholten Rückstellung auch abzugsfähig sein werden. Merker [26]) empfiehlt, auf der Aktivseite einen Ausgleichsposten zu bilden und durch Abschreibung nach Maßgabe der Abbuchungen vom Rückstellungskonto bei den Zahlungen eine Doppelbesteuerung zu verhindern. Abgesehen davon, daß dieser Ausgleichsposten nur in der Steuerbilanz Berechtigung hätte, ist es fraglich, ob die Steuer die Abschreibung von diesem Posten als abzugsfähig anerkennen würde; denn durch dieses Buchungsmanöver wird doch der steuerpflichtige Tatbestand nicht aus der Welt geschafft.

Bei der Vermögensteuerveranlagung muß der sehr wichtige Unterschied von laufenden und künftigen Pensionsverpflichtungen beachtet werden, Verpflichtungen also gegenüber solchen Berechtigten, die bereits in den Genuß der Pension getreten sind, und solchen, die es noch nicht sind.

Der R.F.H. hat in den unten angegebenen Urteilen [27]) die Abzugsfähigkeit der laufenden Pensionsverpflichtungen anerkannt und sieht sie als Betriebsschulden im Sinne des § 62 R.Bew.G. vom 16. 10. 1934 an. Bei dieser Gelegenheit möchten wir erwähnen, daß im Absatz 2 dieses Paragraphen ausdrücklich bestimmt ist, daß bei Versicherungsunternehmen, soweit für die Leistungen aus den laufenden Versicherungsverträgen versicherungstechnische Rücklagen erforderlich sind, diese von dem Rohvermögen abzuziehen sind. Bestimmungen über die Höhe des Kapitalwertes solcher Verpflichtungen finden sich im § 16 R.Bew. G.; diese Bestimmungen sind allerdings durch die §§ 75, 76 der Durchf.Best.

---

[26]) Merker, „Die Zukunftssicherung der Gefolgschaft und ihre steuerliche Behandlung". Deutscher Betriebswirtl. Verlag, Berlin 1938.

[27]) Urteil vom 24. 6. 1925 RStBl. 1925, S. 171 Slg. Bd. 16, S. 350.
„ „ 13. 1. 1928 RStBl. 1929, S. 459 Slg. Bd. 23, S. 78.
„ „ 24. 11. 1931 RStBl. 1932, S. 1290.

zum Reichsbewertungsgesetz ersetzt worden im Verfolg von § 78 R.Bew.G., wonach ein vom 4%igen Zinssatz abweichender Zinssatz als Grundlage angenommen werden kann; gewählt wurde der Zinssatz von $5^{1}/_{2}\%$.

Entscheidungen, in denen der R.F.H. zu der vermögensteuerlichen Behandlung von *künftigen* Pensionsverpflichtungen Stellung genommen hat, sind

Urteil vom	24. 6. 1925	—	IV A 293/25	—	Bd. 16, S. 350.
„ „	5. 2. 1926	—	I A 168/25	—	Bd. 18, S. 300.
„ „	13. 1. 1928	—	I A 392/26	—	Bd. 23, S. 78.
„ „	20. 2. 1930	—	III A 65/28	—	RStBl. 1930, S. 337.
„ „	24. 9. 1931	—	III A 409/29	—	RStBl. 1932, S. 120.
„ „	22. 6. 1933	—	III A 240/32	—	RStBl. 1933, S. 875.
„ „	22. 6. 1933	—	III A 863/31	—	RStBl. 1933, S. 879.
„ „	15. 2. 1934	—	III A 317/32	—	RStBl. 1934, S. 386.

In der Ablehnung der Passivierbarkeit solcher Verpflichtungen ist der R.F.H. verschiedene Wege gegangen. Bis 1931 berief er sich auf § 149 A.O. von 1919 = § 5 R.Bew.G., 1931, wobei er diese Verpflichtungen als aufschiebend bedingte Lasten für nicht abzugsfähig erklärte. Außerdem sagte er im Urteil vom 5. 2. 1926, daß künftige Pensionsverpflichtungen nur Anwartschaften, aber noch keine bereits entstandene Schuld bedeuteten. Im Urteil vom 20. 2. 1930 begründete er noch seinen ablehnenden Standpunkt damit, daß sich Leistung und Gegenleistung der noch im Betrieb tätigen Arbeitnehmer aufrechnen. Daß diese Rehm'sche Theorie unrichtig ist, wissen wir bereits aus den obigen Ausführungen (S. 65 oben). Das spätere Urteil vom 24. 9. 1931 stützt sich fast allein auf diese Theorie; denn der R.F.H. zieht nunmehr die Richtigkeit der Berufung auf § 149 A.O. 1919 in Zweifel mit dem Hinweis auf die amtliche Begründung zur A.O., wonach die Sondervorschriften der §§ 141 ff. nur für den Fall der Einzelbewertung, d. h. nur für das sonstige Vermögen, gelten und auf bedingte Forderungen und Schulden, die zu einem Betriebsvermögen gehören, keine Anwendung finden sollten, allerdings betont er wiederum den Anwartschaftscharakter der zukünftigen Pensionsverpflichtungen. Im Urteil vom 22. 6. 1933 schließlich verwirft der R.F.H., bewogen durch die von der beschwerdeführenden Gesellschaft eingereichten Gutachten zweier Hochschullehrer, seine frühere Beweisführung unter Zuhilfenahme von „Anwartschaft" und „Anspruch mit Gegenanspruch" und beruft sich nun wieder auf den erst im letzten Urteil verworfenen § 149 A.O. von 1919 (= § 5 R.Bew.G. 1931). Bezüglich des Anwartschaftscharakters erkennt der R.F.H. nunmehr an, daß mit ihm nichts gewonnen ist, da er für den Belasteten nichts anderes als eine aufschiebend bedingte Verpflichtung darstelle. Zu der Berufung auf § 149 A.O. von 1919 (= § 5 R.Bew.G. 1931) erklärt der R.F.H., daß er seine im Urteil vom 24. 9. 1931 geäußerten Bedenken einer nochmaligen Prüfung unterzogen hatte, und er glaube, sie nun nicht mehr aufrechterhalten zu müssen; denn auch die Bewertung von Betriebsvermögen beruhe trotz der hierbei notwendigen Berücksichtigung der Betriebszugehörigkeit doch im wesentlichen auf Einzelbewertung der Gegenstände des Betriebsvermögens. Selbst wenn man aber den Abzug aufschiebend bedingter Schulden vom Betriebsvermögen grundsätzlich zulassen wollte, könne er nach den Urteilen vom 23. 9. 1932 und 23. 2. 1933 doch nur gestattet werden, wenn bereits am Stichtag mit dem Eintritt der Bedingung einigermaßen zu rechnen sei. Das treffe für eine Gesamtheit von Berechtigten im gewissen Ausmaß zu, nicht aber im Einzelfall. Nach Auffassung des R.F.H. wollte das Gesetz hier eine Wahrscheinlichkeitsrechnung gerade vermeiden. Jedem Steuerpflichtigen ist aber bekannt, daß ihm gestattet ist, von seinen Forderungen wegen Unsicherheit einen in sein Belieben gestellten, aber der Wirklichkeit möglichst nahekommenden Pauschbetrag abzusetzen. Bei den Pensionsverpflichtungen wird diese Gesamtbetrachtung abgelehnt. Dabei könnten hier wie dort nicht in Anspruch genommene Rückstellungen das Vermögen erhöhen und müßten dann auch versteuert werden.

Bei diesen Betrachtungen untersuchte der R.F.H. noch, ob die von den Unternehmern finanzierten Pensionskassen oder entsprechende Einrichtungen als Versicherungsunternehmen im Sinne des § 62 R.Bew.G. 1934 anzusehen seien. Bei der formaljuristischen Betrachtungsweise des R.F.H. war es zu erwarten, daß das Ergebnis negativ sein mußte. Wenn es auch niemandem einfallen wird, solche Pensionseinrichtungen als Versicherungsunternehmungen anzusehen — ein Eingehen auf Einzelheiten kann das Vergleichsbild nur verdunkeln —, so liegen doch wirtschaftlich dieselben Verhältnisse vor. Man kann sagen, daß es heute schon zu den Grundsätzen ordnungsmäßiger Buchführung und Bilanzierung gehört, auch bei Nicht-Versicherungsunternehmungen versicherungstechnische Rücklagen für Pensionsverpflichtungen zu bilden. Ebenso wie für ein Versicherungsunternehmen, um dem Urteil vom 15. 2. 1934 RStBl. 1934, S. 386 zu folgen, „die Prämien, soweit sie mit den künftigen Verpflichtungen belastet sind, wirtschaftlich betrachtet noch nicht endgültig verdient und daher dem Vermögen des Unternehmens nicht zuzurechnen sind“, ist auch analog für ein anderes Unternehmen, das vor Abzug der Pensionsverpflichtungen ausgewiesene Vermögen nur ein Roh- und noch kein Reinvermögen.

Wir stimmen mit Krause[28]) in der Annahme überein, daß die Verpflichtung zur Pensionszahlung für den Pensionierten wie für den Nichtpensionierten im gleichen Grade besteht; für den 70-jährigen ist die Rückstellung steuerfrei, für

---

[28]) Krause, a. a. O.

den 64-jährigen aber nicht, überhaupt liegen nur Unterschiede in der Fälligkeit der Zahlung vor. Wenn man bei Verkehrsunternehmen die große Invaliditätsgefahr in Betracht zieht, wäre es sogar unverantwortlich, auf Pensionsrückstellungen verzichten zu wollen.

Es kommt oft vor, daß Unternehmungen wegen ihrer Pensionsanwartschaften Rückversicherungsverträge abschließen. Nach § 14, Abs. 4 R.Bew.G. von 1934 müssen „noch nicht fällige Ansprüche aus Lebens-, Kapital- oder Rentenversicherungen mit $^{2}/_{3}$ der eingezahlten Prämien oder der Kapitalbeträge bewertet werden. Weist der Steuerpflichtige den Rückkaufswert nach, so ist dieser maßgebend. Der Rückkaufswert ist der Betrag, zu dem das Versicherungsunternehmen nach seiner Satzung oder nach den Versicherungsbedingungen den Versicherungsschein zurückkaufen würde". In diesen Fällen dürfen also die diesen Rechten gegenüberstehenden Pensionsanwartschaften in der Vermögenssteuerbilanz nicht passiviert werden. Bekanntlich vertritt die ständige Rechtsprechung in Einkommen- oder Körperschaftsteuersachen ohne Rücksicht darauf, ob es sich um laufende oder künftige Verpflichtungen handelt, die gegenteilige Meinung. Diese verschiedenartige Behandlung desselben Tatbestandes bringt Unsicherheit in diese Materie; ihre Beseitigung wäre im Interesse der Einheitlichkeit und Klarheit sehr zu wünschen.

Anhang.

Wir haben bereits eingangs erwähnt, daß die Pensionszahlungen bei den Privateisenbahnen zum überaus größten Teil von der „Pensionskasse Deutscher Privateisenbahnen", geleistet werden; man kann annehmen, daß über 90% der Eisenbahnverwaltungen Mitglieder dieser Kasse sind. Die Pensionskasse hat im Oktober 1935 eine neue Satzung erhalten, die auch die Aufbringung der Mittel regelt. Im § 38, Abs. I dieser Satzung ist der Grundsatz der in jedem Zeitpunkt vollständigen Deckung aufgestellt, d. h., daß die Kasse einen Vermögensstand haben soll, „der unter Hinzurechnung des Zeitwertes der zu erwartenden Mitgliedsbeiträge und der Beitragszuschüsse der Eisenbahnverwaltungen dem Zeitwert der Verpflichtungen der Kasse entspricht" Derselbe Absatz bestimmt, daß mindestens alle 5 Jahre nach versicherungsmathematischen Grundsätzen zu ermitteln sei, ob dieser Vermögensbestand vorhanden ist. Absatz 2 lautet: „Ergibt die Prüfung einen Fehlbetrag, so sind von der Generalversammlung die Beiträge und die Beitragszuschüsse zu erhöhen, nötigenfalls auch die Kassenleistungen herabzusetzen. Ergibt die Prüfung einen Überschuß, so können von der Generalversammlung die Beiträge und die Beitragszuschüsse herabgesetzt oder die Leistungen erhöht werden."

Die laufenden Beiträge der vor dem Inkrafttreten der neuen Satzung beigetretenen Mitglieder beträgt 9 v. H. ihres Einkommens (§ 44, 1), der nachher beigetretenen Mitglieder 6 v. H. (§ 44, 4). Im letzteren Falle betragen die Beitragszuschüsse der Verwaltungen 7 v. H., sonst 10 v. H.

Die letzte versicherungstechnische Prüfung ergab einen Fehlbetrag von 20 Mio. RM, die Deckung erfolgt nach § 63 der Übergangsbestimmungen durch einmalige Zuschüsse der Eisenbahnverwaltungen. Die Zuschußanteile sind vom 1. Januar 1936 ab mit 4½ v. H. jährlich zu verzinsen und mit ½ v. H. jährlich zuzüglich der durch die Tilgung ersparten Zinsen zu tilgen. Für die meisten Verwaltungen bedeutet dieser plötzliche Schuldenzugang eine fast unerträgliche Belastung. Daß den Verwaltungen vom Verkehrsministerium Bilanzierungserleichterungen zugestanden sind, ist selbstverständlich. Sie gehen jedoch mit der Befreiung vom Bilanzierungszwang zweifellos zu weit. Wir erinnern an die Bilanzierungserleichterungen, die man 1932 den Banken für die sehr großen Effektenverluste zugestanden hat, nach denen sie diese auf 5 Jahre verteilen durften. Ähnlich müßte man bei den Eisenbahnverwaltungen verfahren. Ein Vermerk in der Bilanz, oder gar nur im Geschäftsbericht, reicht nicht aus.

V. Die Behandlung des Erneuerungsproblems in der Schweiz, in England und in den Vereinigten Staaten.

Das Erneuerungsproblem bildet bei den Eisenbahnen den Schwerpunkt in der gesamten Finanzgebarung, es ist daher nicht uninteressant, diese Frage in ihrer Behandlung von einigen außerdeutschen Ländern kurz zu erörtern. Wir wählen die Schweiz, England und die Vereinigten Staaten, weil diese Länder als Vertreter hochentwickelter Wirtschaftsformen uns hierfür besonders geeignet scheinen.

Wir haben gesehen, daß in der deutschen Eisenbahnwirtschaft und in der sie regelnden Gesetzgebung zum mindesten bei den für Eisenbahnen typischen Anlageteilen niemals von Abschreibung, immer aber von Erneuerungsrücklagen die Rede ist. Erst in dem am 20. 1. 1934 herausgekommenen, später aber wieder aus anderen Gründen aufgehobenen Erlaß wird gesagt, daß die besagten Anlageteile, wenn für sie keine Erneuerungsrücklagen vorgenommen worden sind, in ihren Wertansätzen berichtigt werden müßten.

Im Verfolg des Erneuerungsgedankens werden für die Erneuerungsrücklagen Wiederbeschaffungswerte als Grundlage gefordert. Die Wertberichtigung nach Aktiengesetz setzt Ansatz zum Anschaffungs- bzw. Herstellungswert voraus. Wir haben oben dargelegt, daß man mit der Vornahme von Erneuerungsrücklagen in der bisherigen Weise (Außerachtlassung von Löhnen, Ansatz viel zu hoher Gebrauchsdauer) den Bewertungsgrundsätzen nach Aktiengesetz nicht gerecht wird. Das Argument, daß die Anlagen durch dauernde Erneuerung ihre alten Werte behalten, schlägt, wie wir bereits wissen, nicht durch. Die Betrachtung des Wertberichtigungspostens als Erneuerungsrücklage hat bei Erneuerungen eine falsche Verbuchungsweise zur Folge, die wiederum die Anlagewerte verfälschen muß.

In der Schweiz wird seit den ersten Anfängen der Gesetzgebungspraxis der Erneuerungsfonds als ein Bewertungskonto angesehen. Der Artikel 11 des Bundesgesetzes über das Rechnungswesen der Eisenbahnen vom 27. März 1896 lautet:

„Für die einer wesentlichen Abnützung unterworfenen Anlagen und Einrichtungen als: Oberbau, Rollmaterial, Mobiliar und Geräteschaften ist ein Erneuerungsfonds anzulegen; bei elektrischen Bahnen, Drahtseilbahnen, Tramways usw. ist die Anlage eines Erneuerungsfonds auf die anstelle von Lokomotiven in Verwendung stehenden besonderen Betriebsmittel und zugehörigen Einrichtungen auszudehnen.

Die jährlichen Einlagen in diesen Fonds sind nach den Erstellungs- und Anschaffungskosten und der wahrscheinlichen Gebrauchsdauer der einzelnen Anlagen oder Gegenstände zu berechnen und als Betriebsausgaben in die Gewinn- und Verlustrechnung einzustellen.

Dem Erneuerungsfonds werden keine Zinsen gutgeschrieben.

Der Bestand des Erneuerungsfonds soll zu jeder Zeit dem vollen Betrage des durch Abnützung oder andere Einwirkungen entstandenen materiellen Minderwertes aller in Lemma 1 genannten Anlagen oder Gegenstände entsprechen. Der in diesem Sinne berechnete Betrag des Erneuerungsfonds ist in die Passiven der Bilanz aufzunehmen. Die Differenz zwischen dem Sollbetrag des Fonds und dem durch die Aktiven [1]) gedeckten Betrag desselben ist nach den Vorschriften der Art. 13 und 14 zu behandeln."

Wie Oetiker [2]) ausführt, unterscheiden sich die Rücklagen zum Erneuerungsfonds von den Abschreibungen nur durch die „Buchform", sie müssen sich deshalb „nach denselben Grundsätzen richten, nach welchen bei der Aufstellung einer ordnungsmäßigen Bilanz die Abschreibungen vorzunehmen sind, m. a. W. es sind bei der Ermittlung des Reingewinns vorerst diejenigen Summen dem Erneuerungsfonds zuzuweisen, welche zur Ausgleichung der auf das Rechnungsjahr entfallenden Wertminderungen der Betriebsanlage und der Betriebsgegenstände erforderlich sind". In den Ausführungen zu einem Urteil vom 18./21. Januar 1899 sagt das Bundesgericht noch, daß der Erneuerungsfonds keinen Teil des Reingewinns bildet, „sondern vielmehr denselben verkürzt, so daß ein Reingewinn erst vorhanden ist, nachdem der Erneuerungsfonds richtig errechnet worden ist." Zu bemängeln wäre nur, daß man an dem Ausdruck Erneuerungsfonds so festhält, so kann auch naturgemäß die in dem definitiven Entwurf zu einem neuen Obligationenrecht verwendete Bezeichnung: „Erneuerungskonto" für einen Bewertungsposten nicht befriedigen; denn das Festhalten an dem Anschaffungswert richtet den Blick doch in die Vergangenheit und nicht in die

---

[1]) Die Regelung der Anlage des Fonds ist den Gesellschaftsstatuten vorbehalten.

[2]) Oetiker, „Die Eisenbahn-Gesetzgebung des Bundes", Solothurn 1913, Bd. I, S. 510.

Zukunft. Die deutsche Gesetzgebung ist, was das betrifft, logischer und konsequenter.

Zu der Dotierung des Erneuerungsfonds sagt das Schweizerische Gesetz n Artikel 12 folgendes:

> „Die Beträge der jährlichen Einlagen in den Erneuerungsfonds werden nach Anhörung der Bahnverwaltungen vom Bundesrate festgesetzt, die daherigen Ansätze sind gemäß den Anordnungen des Bundesrates in den Statuten oder in besonderen Reglementen näher zu bestimmen.
>
> Der Erneuerungsfonds darf nur für die in den Statuten oder Reglementen genannten Zwecke verwendet werden. Diese Zweckbestimmung unterliegt der Genehmigung des Bundesrates.
>
> Den Bahnunternehmungen steht das Recht zu, gegen die aufgrund dieses Artikels getroffenen Anordnungen des Bundesrates beim Bundesgericht zu rekurrieren; für dieses Rekursverfahren gelten die in Art. 16 enthaltenen Bestimmungen."

Aufgrund dieses Artikels 12 holte das Post- und Eisenbahndepartement bei den Bahnverwaltungen Vorschläge ein.

Naturgemäß sind die verschiedensten Möglichkeiten und die mannigfachsten Kombinationen von Leistung und Zeit, die es bei Abschreibungen überhaupt gibt, empfohlen worden. Die allgemeine Feststellung konnte jedenfalls gemacht werden, daß die Einlagen überall viel zu gering bemessen waren, so hat das Post- und Eisenbahndepartement Normen aufgestellt, die wesentlich höhere Abschreibungen ergaben. Als Folge stellten sich eine Reihe von Prozessen ein, die zum größten Teil ihre Erledigung darin fanden, daß die Bahnen vom Staat übernommen worden sind.

Für die Berechnung der jährlichen Einlagen in den Erneuerungsfonds hat das Eisenbahndepartement später ein besonderes Schema herausgegeben. Es ist nach folgenden Hauptanlagegruppen untergliedert:

I. Oberbau (Hauptgleise, Nebengleise mit Drehscheiben, Schiebebühnen),
II. elektrische Anlagen
   A. Kraftwerke und Unterwerke,
   B. elektrische Leitungsanlage,
III. Maschinen und mechanische Einrichtungen der Werkstatt,
IV. Rollmaterial,
V. Mobiliar und Geräteschaften.

Im einzelnen werden Angaben verlangt über Gleislänge, Gewicht pro Meter, Stückzahlen, Einheitspreise und Gesamtkosten, Abzüge für Altmaterial, zu ersetzende Werte, Zuschläge für Arbeitslöhne, mittlere Dauer der Abnutzung und die berechnete Einlage. Verschiedene Wertangaben wurden nach einer Einigung zwischen dem Eisenbahndepartement und den Eisenbahnverwaltungen normalisiert, so für abgängiges Altmaterial [3]) und sogar für Löhne [4]). Wenn man sich auch mit dem ersteren wenigstens grundsätzlich einverstanden erklären könnte (in Deutschland dürfen die Werte der abgängigen Stoffe bekanntlich nicht mit den Rücklagen verrechnet werden), so geht das zweite zweifellos zu weit; die Baurechnung gibt doch den Bilanzwert schon genau an, eine Normalisierung hat demnach nur unrichtige Werte zur Folge. Auch die Gebrauchsdauer hat man außer beim Oberbau vereinheitlicht, so gelten

für Maschinen und mechanische Einrichtungen	40 Jahre,
für Rollmaterial	50—60 Jahre,
für Mobiliar und Geräteschaften	40 Jahre.

Man ist hier zwar nicht so optimistisch gewesen wie bei uns, aber auch diese Zeiten werden sicher nicht erreicht.

Bei den Buchungsvorschriften für Erneuerungsausgaben in Artikel 6 des Rechnungsgesetzes finden wir die für uns sehr interessante Unterscheidung der Anlageteile in Oberbau und andere. Artikel 6 lautet:

> „Für beseitigte oder untergegangene Anlagen und Einrichtungen ist der auf Baukonto verrechnete Wert der b etreffenden Objekte abzuschreiben.
>
> Treten an Stelle der abgegangenen Objekte neue Anlagen oder Einrichtungen, so darf deren Wert dem Baukonto belastet werden.
>
> Eine Abschreibung vom Baukonto für den durch Erneuerung ersetzten Oberbau hat nicht stattzufinden; andererseits dürfen auch keine Erneuerungskosten auf Baukonto gebracht werden." [5])

Das am 2. 10. 1912 vom Bundesrat genehmigte Reglement für den Erneuerungsfonds der Privatbahnen bestimmt in Artikel 4, daß diese Abschreibungen

---

[3]) Bei Schienen 70 bis 100 Fr. pro to,
bei Holzschwellen 30 Cts. pro Stück.
bei Eisenschwellen und Befestigungsmitteln 70 Fr. pro to,
bei Weichen 15% des Anschaffungswertes,
bei Lokomotiven 7% des Anschaffungswertes,
bei Motorwagen 6% des Anschaffungswertes,
bei Personenwagen 5% des Anschaffungswertes,
bei Lastwagen 4% des Anschaffungswertes.
Ob man die Abbruchskosten berücksichtigt hat, steht dahin.

[4]) 10% der Gesamtkosten bei Normalspur-, Schmalspur- und Zahnradbahnen und 12% für Trambahnen.

[5]) Das schweizerische Gesetz sieht also eine unseren Vorschlägen entsprechende Regelung dieser Probleme vor.

zulasten des Erneuerungsfonds vorgenommen werden müssen ebenso wie die Kosten der Erneuerung am Oberbau. Wir erinnern, daß man bei uns auch beim Oberbau um eine Abschreibung nicht herumkommt. Es handelt sich hier zweifellos um Belastungen unter zwei verschiedenen Blickrichtungen. Die Formulierung des Artikels trägt diesem Rechnung; beim Oberbau ist von den „Kosten der im Laufe eines Jahres zur Erneuerung verwendeten Schienen, Zahnstangen usw." die Rede, bei „elektrische Anlagen", „Rollmaterial" und „Mobiliar und Geräteschaften" dreht es sich um die „Kosten der im Rechnungsjahr außer Dienst gesetzten und abgegangenen" Teile.

Nach dem den Oberbau betreffenden Wortlaut müßte man auf das Vorhandensein eines Fonds schließen. Unumschränkte Klarheit herrscht über diesen Posten also auch scheinbar in der Schweiz nicht. Durch Beibehaltung des Anschaffungswertprinzips geht man verschiedenen Unannehmlichkeiten aus dem Wege.

Zu erwähnen sind noch die Bemerkungen 51 und 68 zur Rechnungsverordnung vom 7. 11. 1913. Danach sind die Kosten für Erneuerungen über Betriebsrechnung zu buchen, die „Entnahmen aus dem Erneuerungsfonds" müssen dann zur Korrektur in einer Gutschrift in der G. u. V.-Rechnung erscheinen. Wir erinnern daran, daß in Deutschland auch so verfahren werden soll.

In England gilt unumschränkt der Grundsatz, daß Eisenbahnanlagen nicht abgeschrieben, sondern erneuert werden. Für die gleichmäßige Verteilung der Erneuerungsausgaben auf die Jahre wird durch jährliche Erneuerungsrücklagen Sorge getragen. Aus den Erneuerungsrücklagen werden z. B. bei der London Midland and Scottish Railway (LMS) die Erneuerungskosten für Gleisanlagen, elektrische Streckenausrüstung, Lokomotiven, Personenwagen, elektrische Fahrzeuge, Güterwagen, Werkstatteinrichtung, maschinelle Einrichtungen der elektrischen Kraftwerke und Kraftfahrzeuge bestritten. Für die Berechnung der Erneuerungsrücklagen werden Neuherstellungskosten unter Abschlag eines Prozentsatzes für Altmaterial als Grundlage genommen. Die für die Berechnung geschützte Nutzungsdauer der einzelnen Anlageteile liegt noch unter der in der Schweiz verwendeten. Sie beträgt:

	London and North Eastern Railway	London Midland and Scottisch Railway	Absetzung für Altmaterial nur bei LMS
für Gleisanlagen	$22^1/_2$ Jahre	$21^1/_2$ Jahre	— %
„ Lokomotiven	$33^1/_3$ „	$33^1/_3$ „	10 %
„ Personenwagen	40 „	30 „	5 %
„ Güterwagen	40 „	30 „	$12^1/_2$%
„ Werkstatteinrichtungen	20 „	25 „	5 %

Die Gleisanlagen teilt die LMS in 3 Klassen ein, bei der 1. und 2. Klasse wird neues Material, bei der 3. Klasse altbrauchbares Material eingebaut. Für diese letzte Klasse werden Erneuerungsrücklagen nicht vorgenommen. Für die elektrische Streckenausrüstung wird 4% der heutigen Kosten zurückgestellt, für die Nutzungsdauer der elektrischen Fahrzeuge werden 30 Jahre, der maschinellen Einrichtungen der elektrischen Kraftwerke 20 Jahre, der Lastkraftwagen unter 2 to 5 Jahre, bei sonstigen Kraftwagen 10 Jahre angenommen.

Ebenso wie der Deutschen Reichsbahn ist den englischen Bahnen der Begriff des Anlagenzuwachses bekannt.

In der Rechnungslegung und ihrer Berichterstattung über die Ergebnisse sind die englischen Bahnen durch die Vorschriften des Verkehrsministeriums (Ministry of Transport) an eine feste Form gebunden. In dem Rechnungswesen spielen die Teilrechnungen (Abstracts) eine wichtige Rolle. So werden auch die Verbuchungen der Erneuerungsausgaben zunächst in Abstract A vorgenommen. Hier findet die Verrechnung mit der zulasten der Betriebsrechnung verbuchten jährlichen Rücklage statt. Der Saldo von Abstract A geht dann zulasten oder zugunsten Erneuerungsfonds.

In der Rechnungslegung der Eisenbahnen der Vereinigten Staaten herrscht der Abschreibungsgedanke. Allerdings wurden hier um die Wertbemessung (valuation) heftige Kämpfe ausgefochten, Anschaffungswert und Wiederbeschaffungswert konkurrierten. Es stehen aber hier nicht, wie man zunächst meinen müßte, Fragen der Finanzierung von Ersatzbeschaffungen im Vordergrund. Es dreht sich hier vielmehr um die Frage des „fair return“, und damit vor allem um die Tarifgestaltung. Die Interstate Commerce Commission (JCC), deren Aufsicht die Bahnen unterliegen, erkannte eine Verzinsung des Kapitals von 5½ bis 6 v. H. an. Die Hälfte des Mehrbetrages sollte an sie abgeführt werden. In der „Deprecation Order“ vom 2. 11. 1926 verlangte die JCC Nachholung unterlassener Abschreibungen und Neubewertung der Anlagen nach verschiedenen Grundsätzen, die das Bau- oder Anschaffungsjahr zum Ausgangspunkt nahmen; vorherrschend war der Anschaffungswert. Die Eisenbahnen, die außer auf Fahrzeuge bislang so gut wie gar keine Abschreibungen vornahmen, hatten ein verständliches Interesse an hohen Anlagewerten und sträubten sich gegen diese Maßnahmen. Es kam zu dem berühmten Prozeß, der sehr unbedeutenden St. Louis O’Fallon Railway Company, der von den interessierten Kreisen zu einem „test case“ gemacht worden ist. Er brachte aber nicht die gewünschte eindeutige Klarheit in diese Materie. Der oberste Gerichtshof zog sich in dem Urteil vom 20. Mai 1929 aus der Affäre, indem er sagte, unter anderen Gesichtspunkten sei auch der Wiederbeschaffungspreis zu berücksichtigen, „welches Gewicht ihm beizumessen sei, steht nicht zur Entscheidung“.

Die amerikanischen Eisenbahnen aktivieren ihre Anschaffungen in viel größerem Ausmaß als die deutschen und englischen. Sie gehen bis 100 Dollar zurück. Ein Beispiel soll klarmachen, wie sich ihre Aktivierungspraxis bei Anschaffung von Ersatzanlagen gegenüber der in Deutschland und England auswirkt: Eine Bahn besitzt eine alte Drehscheibe im Werte von 10.000 Dollar, eine neue gleichwertige kostet 15.000 Dollar; sie schafft aber eine Drehscheibe mit verbesserten Einrichtungen im Werte von 20.000 Dollar an, sie bucht nun 10.000 Dollar über „Betrieb" und 10.000 Dollar auf „Kapitalrechnung". Die deutschen und englischen Bahnen würden 15.000 Dollar über „Betrieb" und nur 5.000 Dollar aktivieren.

Die Schätzung der Lebensdauer hält sich ungefähr im Rahmen der bei englischen Bahnen. Es seien folgende Abschreibungssätze genannt:

		Baltimori Ohio	Pennsylvania R R Co	Illinois Central
Lokomotiven		3	4	4
Güterwagen	Stahl	2,5	2,5	
	Holz	4	4	5
Personenwagen	Stahl		2,5	
	Holz	3	4	4

Die New York Central hat einheitliche Sätze für alle Fahrzeuge, sie unterscheidet nur nach Anschaffung vor und nach dem 1. Januar 1918. Bei den ersteren schreibt sie $2^1/_2$%, bei den letzteren $4^1/_2$% ab.

Im allgemeinen ist zu sagen, daß die Interstate Commerce Commission eine sehr strenge Aufsicht ausübt und regelmäßig örtliche Prüfungen vornimmt. Bei uns hat man gewöhnlich nicht die richtige Vorstellung von den Verhältnissen auf diesem Gebiet. Ein großer Eisenbahnfachmann kennzeichnet die Lage der amerikanischen Eisenbahnen zwar übertrieben, aber doch der Wirklichkeit nahekommend, wenn er sagt, daß es in Amerika keine Privateisenbahnen gibt.

Literaturverzeichnis.

van Aubel, Richter: Zur Finanzwirtschaft gemeindlicher Betriebe, Sonderdruck aus Zeitschrift für öffentliche Wirtschaft, Heft 3—5/1936.
Enkling: Die Stellung des Staates zu den Privateisenbahnen in der Anfangszeit des preußischen Eisenbahnwesens, Diss. Köln, 1935.
Funcke: Gesichtspunkte bei der Prüfung öffentlicher Verkehrsbetriebe, 1936 (unveröffentlichtes Manuskript).
Hein-Krüger: Kleinbahngesetz, Band 1 und 2, Berlin 1929.
Hempel: Das Normalbuchungsformular, Hannover 1937 (unveröffentlichtes Manuskript).
Hilling: Die Kameralistik und ihre Verrechnung des Anlagevermögens, Diplomarbeit. Frankfurt/M. 1933.
Klapdor: Die kameralistische Buchführung in ihrer einfachen und gehobenen Form, Düsseldorf 1914.
Krause: Grundsätze ordnungsmäßiger Bilanzierung für Pensionsverpfli hungen, Leipzig 1935.
Leitner: Bilanztechnik und Bilanzkritik, Neue Ausgabe d. 8. u. 9. Aufl. Berlin 1929/32.
Mellerowicz: Grundlagen betriebswirtschaftlicher Wertungslehre, Berlin 1926.
Merker: Die Zukunftssicherung der Gefolgschaft und ihre steuerliche Behandlung, Berlin 1938.
Oetiker: Die Eisenbahn-Gesetzgebung des Bundes, Bd. 1, Solothurn 1913.
Passow: Die Bilanzen der privaten und öffentlichen Unternehmungen, Bd. 2, Leipzig 1923.
Rehm: Die Bilanzen der Aktiengesellschaften und Gesellschaften m.b.H., Kommanditgesellschaft auf Aktien, eingetragene Genossenschaften, Versicherungsvereine auf Gegenseitigkeit usw., München 1903.
Schneider: Wegweiser durch die gehobene kameralistische Buchführung für die werbenden Betriebe der Staats- und Kommunalverwaltungen, Berlin 1913.
Schrott: Lehrbuch der Verrechnungswissenschaft, Wien 1886.
Voigt: Abschreibungen und Rücklagen bei Privatbahnunternehmungen, Birkeneck 1933.
Walb: Die Erfolgsrechnung privater und öffentlicher Betriebe, Berlin-Wien 1926.

Amtliche Anleitung der Reichsbahndirektion Berlin für die erweiterte Aufsichtsprüfung, Berlin 1934, Selbstverlag.

Dienstvorschrift über die Fortbildung der Buchungsordnung (Fobu), Berlin 1932.

Gutachten der Wirtschaftsberatung Deutscher Gemeinden A.G., Berlin zu einem Kontenplanentwurf für einen norddeutschen Verkehrsbetrieb, 1936.

Handbuch der öffentlichen Verkehrsbetriebe 1936.

100 Jahre deutsche Eisenbahnen, Jubiläumsschrift zum 100-jährigen Bestehen der deutschen Eisenbahnen, Hauptverwaltung der deutschen Reichsbahn.

Statistik der Eisenbahnen im Deutschen Reich, Bd. 56 B.

Abhandlungen in Zeitschriften:

Der Erneuerungsfonds bei den schweizerischen Bahnen, Rüfenacht, Archiv für Eisenbahnwesen 1938, Januar/Februar.

Die Anlagenbewertung bei Heimfallgesellschaften, Morgenthaler, Wirtschaftstreuhänder 1936, S. 101.

Die Bedeutung der Kleinbahnen im deutschen Verkehrswesen, Frhr. v. Wilmowsky, Verkehrstechnik, 17, 7, 165—167 5. 4. 36.

Die Bewegung des Erneuerungsfonds und seine Beziehung zum Tilgungsfonds, Goedecke, Zeitschrift für Kleinbahnen 1913, S. 302.

Die deutschen Privateisenbahnen, Schötz, Der deutsche Ökonomist, 52, 36 1170—1173 (7. 9. 34).

Die Hannoverschen Staatseisenbahnen (1843—1866), Overmann, Archiv für Eisenbahnwesen 1937, 2, 303—326 (März/April).

Die nebenbahnähnlichen Kleinbahnen im heutigen Staat, Wehrspahn, Verkehrstechn. Woche 28, 36, 481—485 (5. 9. 34).

Die privaten Bahnen in der deutschen Verkehrseinheit, Wehrspahn, Verkehrstechn. Woche 30, 46, 627—631 (11. 11. 36).

Die Rücklagen für Erneuerung in der Deutschen Gemeindeordnung, Goedecke, Technik und Wirtschaft, Febr. 1937.

Die wirtschaftliche Lage der nebenbahnähnlichen Kleinbahnen, Borchart, Zeitschrift für öffentliche Wirtschaft 2, 10, 346—351 (15. 10. 35).

Eisenbahn und Staat in Deutschland, Kittel, Archiv für Eisenbahnen 1936, 4, 709—724 Juli/August.

Gesetze und Verordnungen:

Handelsgesetzbuch.

Aktienrechtsnovelle und 2. Durchführungsverordnung.

Aktiengesetz und 1. Durchführungsverordnung.

Gesetz über die Eisenbahnunternehmungen von 1838.

Gesetz über Kleinbahnen und Privatanschlußbahnen von 1892 mit Ausführungsanweisungen von 1892 und 1898.

Bahneinheitengesetz 1895.

Eisenbahnbau- und Betriebsordnung 1928.

Sammlung der Erlasse aus Anleitung für erweiterte Aufsichtsprüfung.

Reichsabgabenordnung von 1919.

Reichsbewertungsgesetze von 1925, 1931, 1934.

Vermögensteuergesetz 1934.
Durchführungsbestimmungen zum Reichsbewertungs- und Vermögensteuergesetz von 1935.
Einkommensteuer- und Körperschaftsteuergesetze 1925, 1934.
Reichssteuerblatt, herausgegeben vom Reichsfinanzministerium.
Sammlung von Entscheidungen und Gutachten des Reichsfinanzhofs (Slg).

Anlage 1.

Normal-Buchungsformular

für die

Eisenbahnen Deutschlands.

Allgemeine Vorschriften

für die Anwendung des Normal-Buchungsformulars.

I. Bedeutung des Formulars.

Das gegenwärtige Formular ist der Buchung der Einnahmen und der Ausgaben sämtlicher Deutschen Eisenbahnverwaltungen mindestens insoweit zugrunde zu legen, daß ziffermäßig richtige und im einzelnen kontrollierbare Rechnungsauszüge nach Maßgabe des Normalformulars gegeben werden können.

II. Umfang der Buchung.

In der Buchung sollen, vorbehaltlich der Bestimmungen im vorletzten und letzten Absatz und der unter V. folgenden Bestimmungen, die Einnahmen und Ausgaben nach ihrer Entstehung und so verrechnet werden, daß sämtliche Einnahmen und Ausgaben einer Eisenbahnverwaltung darin zum Nachweise kommen. Demgemäß sind auch die Ausgaben der Betriebs-, Oberbau-, Bau- und Werkstattsmaterialien und Werkstättenverwaltung, sowie sonstiger Betriebe der Eisenbahnverwaltung als Ausgaben, die Entschädigungen oder Erstattungen Dritter (der Neubau-, Post- und Telegraphenverwaltung, anderer staatlicher Verwaltungen fremder Eisenbahnverwaltungen oder von Privatpersonen) für in den Werkstätten ausgeführte Arbeiten oder für aus den Magazinen abgegebene Materialien dagegen als Einnahmen nachzuweisen und nicht von den Ausgaben abzusetzen.

Als Ausgaben der Eisenbahnverwaltung in vorstehendem Sinne sind jedoch nicht anzusehen solche Kosten, die lediglich für Rechnung Dritter unmittelbar aufgewendet und mit den verauslagten Beträgen erstattet werden. Diese Beträge sind vielmehr von vornherein bei den Vorschüssen (fremden Geldern) zu verausgaben und bei Erstattung an derselben Stelle zu vereinnahmen. Haben die Ersatzpflichtigen indessen nach den getroffenen Vereinbarungen nicht die wirklich entstandenen Kosten, sondern an deren Stelle feste Vergütungen zu entrichten, so sind sowohl die Ausgaben als auch die Einnahmen in der Betriebsrechnung gehörigen Orts nachzuweisen.

Ebenso gelten als Einnahmen der Eisenbahnverwaltung in vorstehendem Sinne nicht die lediglich zur vorübergehenden Aufbewahrung (z. B. Kautionen usw.) oder zur Weiterzahlung vereinnahmten Beträge. Diese sind vielmehr als Depositen zu behandeln und zu verrechnen.

III. Verhältnis des laufenden Jahres zu früheren und späteren Jahrgängen.

1) Die Buchung jeder Eisenbahnverwaltung muß die Einnahmen und die Ausgaben des laufenden Jahres ersichtlich machen und zwar sowohl die bereits kassenmäßig geordneten, als auch die aus dem laufenden Jahre herrührenden, aber noch nicht zur wirklichen Ein- und Auszahlung gelangten Summen, soweit diese dem Grunde nach feststehen. Können derartige Einnahme- oder Ausgabeposten in ihrer Höhe noch nicht endgültig festgestellt werden, so sind die Beträge schätzungsweise einzustellen. Die sich gegen diese Schätzung etwa später ergebenden Unterschiede sind in dem Jahre zur Berechnung zu bringen, in dem sie festgestellt worden sind. Dasselbe ist der Fall bezüglich solcher Einnahmen und Ausgaben, die aus den Vorjahren zwar herrühren, aber erst später bekannt geworden sind.

2) Soweit in der Rechnung einzelner Verwaltungen Beträge in Einnahme oder Ausgabe erscheinen, die aus dem Betriebe des laufenden Jahres nicht herrühren, vielmehr aus irgend einem anderen Grunde in die Rechnung eingestellt werden, sind diese behufs Ausscheidung aus der Statistik besonders aufzuführen

IV. Verhältnis der Einnahmen zu den Ausgaben.

Jede Einnahme und jede Ausgabe ist als solche gesondert zu buchen und ist nicht etwa der Unterschied zwischen entsprechenden Einnahme- und Ausgabeposten zur Erscheinung zu bringen, es müßte denn letzteres ausnahmsweise angeordnet sein.

V. Verhältnis der Betriebsrechnung zur Rechnung des Baufonds und der Einzelfonds.

Zu den Ausgaben des Betriebes gehört auch die völlige Instandhaltung der Bahnanlagen und der Fahrzeuge, einschließlich der Erneuerung im Falle des Abganges, sowie der Deckung der durch außerordentliche Ereignisse und Unglücksfälle erwachsenden Kosten. Dagegen fallen die Ausgaben für erhebliche Ergänzungen, Erweiterungen und Verbesserungen der Bahnanlagen, sowie für die Vermehrung der Fahrzeuge in der Regel den Baufonds oder außerordentlichen Fonds zur Last. Sofern solche Ausgaben aber tatsächlich aus Betriebsmitteln bestritten werden, sind sie in der Betriebsrechnung unter Titel VI, Pos. 3 oder Titel VII aufzuführen.

Soweit Betriebsausgaben in obigem Sinne dem Erneuerungs- oder dem Reservefonds entnommen werden, sind sie nicht nur in der Rechnung dieser Fonds (Ia und Ib) sondern auch in der Betriebsrechnung an betreffender Stelle zu verausgaben. Die Ausgleichung geschieht mittels Absetzung der verausgabten Summe von der Rücklage beim „Abschluß II“ der Betriebsrechnung, während in der Rechnung der Fonds die volle Rücklage in Einnahme gesetzt wird.

Die Ausgaben der Hilfskassen für Beamte und Arbeiter erscheinen nur in der Sonderrechnung dieser Kassen, während die Zuschüsse als Betriebsausgaben (unter Titel IV, Pos. 2, 3 u. 5) verrechnet werden.

VI. Behandlung der neuen Materialien.

In der Rechnung eines Rechnungsjahres werden sowohl die Geldwerte der aus dem Vorjahre übergehenden Materialien, als auch die Kosten der im Laufe des Rechnungsjahres beschafften Materialien verausgabt. Da dem Rechnungsjahr aber nur diejenigen Geldwerte für Materialien zur Last fallen dürfen, die tatsächlich verbraucht wurden, so sind die Werte der am Jahresschlusse vorhandenen Materialien festzustellen, von den Ausgaben abzusetzen und in die Rechnung des folgenden Jahres vorzutragen, sofern nicht etwa die Materialien auf besondere Vorschußkonten verrechnet werden, aus denen die Beträge für die im Laufe eines Rechnungsjahres verwendeten Materialien am Jahresschlusse summarisch in die Betriebsrechnung übertragen werden.

VII. Verrechnung der Altmaterialien.

Die bei der Unterhaltung und Erneuerung von Gleisanlagen oder Fahrzeugen gewonnenen Altmaterialien und Materialabfälle dürfen bei einer etwaigen Wiederverwendung für Betriebs- oder Werkstättenzwecke nicht mehr bewertet werden.

I. Rechnung des

Titel	Pos.	Unter-Pos.	Betriebseinnahme	Betrag (in Mark)
			Übertrag aus dem Vorjahre laut letzter Jahresrechnung	
			Summe	
I			**Titel I. Aus dem Personen- und Gepäckverkehr** (ohne Beförderungssteuer).	
	1		Für Beförderung von Personen, ausschließlich Militär auf Militärfahrscheine und auf Militärfahrkarten	
	2		" " " Militär auf Militärfahrscheine und auf Militärfahrkarten	
	3		" " " Gepäck, einschließlich des ohne Lösung von Fahrkarten aufgegebenen,	
	4		" " " Hunden auf Hundekarten, Beförderungs- oder Gepäckscheine	
	5		" bestellte Sonderzüge nach besonderem Tarif	
	6		Nebenerträge	
			Summe Titel I	
II			**Titel II. Aus dem Güterverkehr** (ohne Beförderungssteuer).	
	1		Für Beförderung von Eilgut und Expreßgut } einschließlich Fahrzeuge aller Art	
	2		" " " Frachtgut } einschließlich Fahrzeuge aller Art	
	3		" " " Postgut	
	4		" " " Militärgut auf Militärfahrscheine oder Frachtbriefe, einschließlich Pferde und Fahrzeuge	
	5		" " " Vieh, einschließlich Pferde, auch Luxuspferde, ausgenommen Hunde auf Hundekarten, Beförderungs- oder Gepäckscheine (I. 4)	
	6		" " " Leichen	
	7		" " " frachtpflichtigem Dienstgut	
	8		Nebenerträge	
			Summe Titel II	
III			**Titel III. Für Überlassung von Bahnanlagen und für Leistungen zugunsten Dritter.**	
	1		Vergütung für verpachtete Bahnstrecken	
	2		Vergütung fremder Eisenbahnverwaltungen oder Besitzer von Anschlußgleisen usw. für Mitbenutzung von Bahnhöfen, Bahnstrecken und sonstigen Anlagen, für Dienstleistungen von Beamten, sowie für Wahrnehmung des Dienstes in fremden oder gemeinschaftlichen Verkehren	
	3		Vergütung für Verwaltungskosten von Eisenbahnverbänden und Abrechnungsstellen	
	4		Vergütung für die in den Werkstätten ausgeführten Arbeiten	
	5		Andere Vergütungen der Postverwaltung	
	6		Andere Vergütungen der Neubauverwaltung oder sonstiger Zweige der Verkehrsanstalten	
	7		Sonstige Vergütungen	
			Summe Titel III	

Anmerkung zum „Übertrag": siehe Pos. 11 der „Verwendung des Überschusses"

Anmerkung zu Titel I.

Zu Pos. 1. Hierher sind auch die Einnahmen aus dem Verkauf von Platzkarten zu rechnen.

Zu Pos. 6. Lagergelder, Strafgelder usw., soweit sie aus dem Personen- und Gepäckverkehr herrühren, Einnahmen für Bahnsteigkarten.

Anmerkung zu Titel II.

Zu Pos. 8. Sämtliche Nebengebühren aus dem Güter-, Expreßgut und Viehverkehr nach dem Nebengebührentarif; Frachtzuschläge bei unrichtiger Angabe des Inhalts, des Gewichts oder bei Wagenüberlastung; Überfuhr- und Rangiergebühren; etwaige für die Verwaltung zum Einzug kommende Bestellgebühren usw.

Anmerkungen zu Titel III.

Zu Pos. 1. Diese umfaßt jede Art von Pachtzins, mag er in einem festen Satz oder in einem Teile des Erträgnisses einer Strecke bestehen. Dagegen gehört nicht hierher der etwaige Ertrag einer für eine fremde Verwaltung auf Rechnung des Eigentümers betriebenen Strecke, vielmehr ist in einem solchen Falle besondere vollständige Rechnung zu legen

Zu Pos. 2. Hierher gehören auch die Vergütungen für Reinigung und Heizung fremder Fahrzeuge. Die Gehälter usw. der von fremden Bahnen oder Anschlußgleisbesitzern mitbenutzten Beamten sind in den betreffenden Ausgabepositionen voll anzusetzen. Die hier etwa inbegriffene Wagen- und Lokomotivmiete ist in dieser Position mit zu verrechnen und nicht etwa zu Titel IV auszuscheiden.

Zu Pos. 4. Die Vergütungen der Neubauverwaltung, der Postverwaltung, sonstiger staatlicher Verwaltungen, fremder Eisenbahnverwaltungen oder Privatpersonen für die für sie in den Werkstätten ausgeführten Arbeiten sind hier zu vereinnahmen und nicht etwa von der Ausgabe abzusetzen.

Zu Pos. 5. Hierher gehören die Vergütungen für die Benutzung von Wagen und Wagenabteilungen, die Beförderung sowie das Unterstellen, Reinigen, Beleuchten, Schmieren, Verschieben der Eisenbahnpostwagen, die Gestellung von Beiwagen, die Bewachung der Reichs- und Staatstelegraphenanlagen, die Begleitung von Bahnmeisterdienstwagen u. dergl.

Eisenbahnbetriebes.

Titel	Pos.	Unter-Pos.	Betriebseinnahme	Betrag (in Mark)
IV			**Titel IV. Für Überlassung von Fahrzeugen.**	
	1		Miete und Leihgeld für Lokomotiven	.
	2		" " " Wagen	.
			Summe Titel IV	.
V			**Titel V. Erträge aus Veräußerungen.**	
	1		Aus dem Verkaufe und der Abgabe von Materialien und Materialabfällen sowie von sonstigen Gegenständen	.
	2		Aus der Abgabe von Wasser, elektrischem Strom, Gas u. dgl	.
			Summe Titel V	.
VI			**Titel VI. Verschiedene Einnahmen.**	
	1		Telegraphengebühren	.
	2		Pacht- und Mietzinse sowie wirtschaftliche Nutzungen aus Gebäuden und Grundstücken	.
	3		Einnahme an Brücken- und Fährgeld, sowie Werft- und Hafengebühren	.
	4		Pensionsbeiträge	.
	5		Zinsen und Kursgewinne	.
	6		Sonstige Einnahmen	.
			Summe Titel VI	.
			Übersicht der Betriebseinnahmen.	
			Übertrag aus dem Vorjahre	.
			Titel I aus dem Personen- und Gepäckverkehr	.
			Titel II aus dem Güterverkehr	.
			Titel III für Überlassung von Bahnanlagen und für Leistungen zugunsten Dritter	.
			Titel IV für Überlassung von Fahrzeugen	.
			Titel V Erträge aus Veräußerungen	.
			Titel VI Verschiedene Einnahmen	.
			Summe der Betriebseinnahmen	.

Anmerkung zu Titel IV.

Zu Pos. 1 und 2. Unter „Miete" sind die Entschädigungen für die Benutzung der Fahrzeuge zu verstehen, die aus dem Übergange des Materials im gewöhnlichen gegenseitigen Verkehre herrühren, während als „Leihgeld" die auf Grund besonderer Vereinbarungen zu zahlenden Entschädigungen für auf Zeit abgegebene Fahrzeuge anzusehen sind. Die Beförderungskosten für leer laufende Leihwagen von und zu dem Orte der Ausleihung bei Übernahme und Rückgabe der Wagen sind nicht als Wagenmiete, sondern als Einnahmen aus dem Güterverkehr zu verrechnen.

Anmerkung zu Titel V.

Zu Pos. 1. Hier sind nicht nur die Anschaffungskosten der zur Abgabe kommenden Materialien, sondern auch etwaige auf den Transport, das Verladen, Magazinieren usw. treffende Ausgaben, einschließlich etwaiger Zuschläge für Generalkosten zu verrechnen.

Zu Pos. 1 und 2. Diejenigen Beträge, die hiervon in den Erneuerungsfonds fließen, sind nicht nur in der Rechnung dieses Fonds, sondern auch unter gegenwärtiger Position zu vereinnahmen. Wegen Überweisung an den Fonds s. „Abschluß II" der Betriebsrechnung.

Anmerkungen zu Titel VI.

Zu Pos. 2. Hierher gehören die Erträgnisse der Bahnwirtschaften (auch Werkstättewirtschaften und Wirtschaften in Zügen), Dienst- und Mietwohnungen, Dienstgelasse des Post-, Telegraphen-, Zoll- und Steuerwesens, der Polizei u. dgl., Lagerplätze, Grasplätze, Pflanzungen, Aborte, Bergwerke, Steinbrüche, Eisenbahnfähren usw.

Zu Pos. 4. Hier sind diejenigen Beiträge zu verrechnen, die zu Pensionszwecken an den Betriebsfonds geleistet werden, wogegen die zu Pensions- und anderen Hilfskassen geleisteten Mitgliederbeiträge in der Sonderrechnung dieser Kassen nachzuweisen sind.

Titel	Pos.	Unter-Pos.	Betriebsausgabe	Betrag (in Mark)
			Abteilung I.	
			Persönliche Ausgaben.	
I			**Titel I. Besoldungen (Gehälter), Wohnungsgeldzuschüsse, Stellen- und andere persönliche Zulagen der etatsmäßigen Beamten und Bediensteten** . . .	.
			Summe Titel I . . .	.
II			**Titel II. Bezüge und Löhne der nicht etatsmäßigen Beamten und Bediensteten sowie der Arbeiter.**	
	1		Monats- oder Tagegehälter der ohne Anstellung verwendeten Beamten und Bediensteten . .	.
	2		Tag- und Akkordlöhne ausschließlich derjenigen der Bahnunterhaltungs- und Werkstättenarbeiter . . .	.
			Summe Titel II . . .	.
III			**Titel III. Tagegelder, Reise- und Umzugskosten sowie andere Nebenbezüge.**	
	1		Tagegelder (Diäten), Reise- und Umzugskosten, Entschädigungen u. dgl. für Stellvertretungen und Abordnungen (Kommandogelder) . . .	.
	2		Fahr-, Stunden- und Nachtgelder . . .	.
	3		Prämien für Materialersparnisse, für Entdeckung von Rad-, Achs- und Schienenbrüchen u. dgl.	.
	4		Verlustentschädigungen für Kassenführer . . .	.
	5		Außerordentliche Belohnungen . . .	.
	6		Insgemein . . .	.
			Summe Titel III . . .	.
IV			**Titel IV. Für Wohlfahrtszwecke.**	
	1		Kosten für den bahnärztlichen Dienst und für sonstige ärztliche Untersuchung und Behandlung von Beamten und Arbeitern einschließlich der Heilmittel . . .	.
	2		Pensionen und Zuschüsse zu Beamtenpensionskassen einschließlich der Leistungen auf Grund der Unfallfürsorgegesetze . . .	.
	3		Zuschüsse zu Krankenkassen . . .	.
	4		Zahlungen auf Grund des Invaliditäts- und Altersversicherungsgesetzes . . .	.
	4 a		Zuschüsse zu Arbeiterpensions- und Unterstützungskassen, soweit sie nicht unter Pos. 4 zu verrechnen sind . . .	.
	5		Zahlungen auf Grund des Versicherungsgesetzes für Angestellte . . .	.
	6		Zahlungen auf Grund der Unfallversicherungsgesetze . . .	.
	7		Besondere Verwaltungskosten auf Grund der Unfallversicherungsgesetze sowie des Invaliditäts- und Altersversicherungsgesetzes . . .	.
	8		Unterstützungen . . .	.
	9		Zahlungen auf Grund der reichsgesetzlichen Arbeitslosenversicherung . . .	.
			Summe Titel IV . . .	.

Anmerkung zu Titel I.

Die Gehälter und festen Einkommensbezüge der einzelnen Beamtenklassen sind getrennt zu buchen.

Da die Beiträge anderer Verwaltungen zu Besoldungen einzelner Beamten in Titel III der Einnahme zu buchen sind, so erscheinen hier die vollen Einkommensbezüge.

Auch die festen Tantiemen der Verwaltungsräte, Direktoren und etwaiger sonstiger Beamten sind als Gehalt oder Gehaltsteile zu betrachten und deshalb nicht unter der Verwendung des Überschusses, sondern in gegenwärtigem Titel zu verzeichnen. An ersterem Orte erscheinen dagegen die schwankenden Tantiemen.

Anmerkung zu Titel II.

Zu Pos. 2. Die Kosten für die Bahnunterhaltungsarbeiter sind bei Titel VI, diejenigen für die Werkstättenarbeiter bei Titel VII zu verrechnen.

Anmerkung zu Titel III Pos. 5 und IV Pos. 8.

Soweit die Belohnungen von den Unterstützungen nicht getrennt werden können, sind beide Ausgaben unter Titel IV Pos. 8 zu verrechnen.

Anmerkungen zu Titel IV.

Zu Pos. 2. Hier sind die aus dem Betriebsfonds zu zahlenden Pensionen einschließlich der Leistungen auf Grund der Unfallfürsorgegesetze zu verausgaben.

Zu Pos. 5. Hier werden auch die Zahlungen an die nicht von den Eisenbahnverwaltungen errichteten, auf Grund der Versicherungsgesetze bestehenden Kassen verrechnet.

Zu Pos. 6. Hierher sind zu rechnen die Unfallrenten und Krankengeldbeträge sowie die Kosten des Heilverfahrens und der Beerdigung. Bahnen, die einer Berufsgenossenschaft angehören, haben in dieser Position — außer den von ihnen unmittelbar bezahlten Beträgen — den dieser Genossenschaft am Jahresschlusse zu zahlenden Anteil an den Ausgaben zu verrechnen.

Zu Pos. 7. Die Verwaltungskosten umfassen diejenigen Ausgaben, welche durch die infolge der Unfallversicherungsgesetze erforderlich gewordenen besonderen Einrichtungen (Wahlen, Schiedsgerichte usw.) verursacht werden, so daß hier die an Arbeitervertreter, Schiedsgerichtsbeisitzer und Krankenkassenbevollmächtigte usw. zu gewährenden Vergütungen, die aus Anlaß von Schiedsgerichtssitzungen zu zahlenden Zeugen- und Sachverständigengebühren u. dgl. zu erscheinen haben, während die Kosten der übrigen infolge dieser Gesetze bei der Verwaltung unmittelbar zu erledigenden Geschäfte bei den betreffenden Etatstiteln und Positionen nachzuweisen sind.

Titel	Pos.	Unter-Pos.	Betriebsausgabe	Betrag (in Mark)
			Abteilung II.	
			Sachliche Ausgaben.	
V			**Titel V. Für Unterhaltung und Ergänzung der Ausstattungsgegenstände sowie für Beschaffung der Betriebsmaterialien.**	
	1		Unterhaltung und Ergänzung der Ausstattungsgegenstände	
	2		Beschaffung der Betriebsmaterialien:	
		1	Drucksachen, Schreib- und Zeichenmaterialien	.
		2	Brenn-, Schmier-, Putz- und sonstige Betriebsmaterialien	.
	3		Bezug von Wasser, Gas und Elektrizität von fremden Werken	.
			Summe Titel V . . .	.
VI			**Titel VI. Für Unterhaltung, Erneuerung und Ergänzung der baulichen Anlagen.**	
	1		Löhne der Bahnunterhaltungsarbeiter, Beschaffung der Baumaterialien (ausschl. Oberbaumaterialien) und sonstige Ausgaben einschl. der Kosten kleinerer Ergänzungen	
	2		Beschaffung der Oberbaumaterialien:	
		1	Schienen	.
		2	Kleineisenzeug	.
		3	Weichen und Weichenbestandteile einschl. Herz- und Kreuzungsstücke . . .	.
		4	Schwellen	.
	3		Kosten erheblicherer Ergänzungen	.
			Summe Titel VI .	.

Anmerkungen zu Titel V.

Für die in den Werkstätten zu Lasten dieses Titels ausgeführten Arbeiten sind die entstandenen Kosten — Löhne und Materialien — auf diesen Titel zu übertragen.

Zu Pos. 1. Hier sind auch die Kosten für die Dienstkleidung zu buchen, soweit die letztere nicht einen Teil des Einkommens der Beamten bildet, in welchem Falle die Verrechnung unter Ausgabe Titel I oder III zu geschehen hat.

Nicht zu den Ausrüstungsgegenständen (Inventarien) zählen die Antriebs- (Werkzeug-) Maschinen, Dampfkessel u. dergl. der Werkstätten, deren Unterhaltung bei Titel VII zu verrechnen ist.

Zu Pos. 2. Hier sind die Kosten der Betriebsmaterialien zu verrechnen, ohne Rücksicht darauf, ob sie ausschließlich für die eigenen Zwecke der Verwaltung verwendet oder teilweise an andere Verwaltungen oder Privatpersonen abgegeben worden sind (zu vergl. die Allgemeinen Vorschriften, Ziffer II).

Anmerkungen zu Titel VI.

Für die in den Werkstätten zu Lasten dieses Titels ausgeführten Arbeiten sind die entstandenen Kosten — Löhne und Materialien — auf diesen Titel zu übertragen.

Zu den baulichen Anlagen sind zu rechnen:

a) die Anlagen des Unterbaues, als
Bahnkörper mit Böschungen und Banketten, Seitenwege, Rampen, Gräben, Pflasterungen, Futtermauern, Uferdeckungen, Wege, Anfahrten, Verbindungs- und Ladestraßen, Wege-Unter- und Überführungen, Durchlasse, Brücken, Viadukte und Tunnel, Einfriedigungen, Schneeschutzanlagen, Baumpflanzungen, Schranken, Warnungstafeln, Neigungs- und Krümmungszeiger, Nummer- und Grenzsteine.

b) der Oberbau einschließlich der Bettung.

c) Die Telegraphen- und Signaleinrichtungen, als:
Telegraphen- und Fernsprechleitungen, Schreib- und Sprechwerke, Batterien, Läutewerke, Radtaster mit Zubehör, Abschluß- und Vorsignale mit Zubehör, Blockeinrichtungen, Weichen- und Signalstellwerke.

d) die Hochbauten, als:
Laderampen und Bühnen, Sturz- und Ladevorrichtungen, Gebäude jeder Art, Bahnsteige mit Zubehör, Brunnen, Eiskeller, Aschengruben, die Gruben der Drehscheiben, Schiebebühnen und Brückenwagen, die Fundamente der Hebe- und Wasserkrahne, der Antriebs- (Werkzeug-) Maschinen, die Wasser- und Gasleitungen u. dgl. (zu vergl. auch die Anmerkung zu Titel VII).

Zu Pos. 1. Bei dieser Position sind die Löhne der Bahnunterhaltungsarbeiter sowie die Kosten der Materialien, soweit sie nicht für die bei Pos. 3 dieses Titels besonders veranschlagten Bauausführungen erwachsen und dort nachgewiesen werden, zu verrechnen. Zu den Bahnunterhaltungsarbeitern rechnen auch diejenigen Arbeiter, die bei der Unterhaltung der Telegraphenanlagen, bei den Schwellentränkungsanstalten, den eigenen Kiesgewinnungsbetrieben sowie bei der Annahme, Magazinierung und Verausgabung der Oberbau- und Baumaterialien beschäftigt werden.

Ferner erscheinen hier diejenigen Kosten, die nicht unter Pos. 2 zur Verausgabung gelangen, also im wesentlichen die Kosten für Leistungen und Lieferungen der Unternehmer (einschl. der Bahnunterhaltungsunternehmer) und der Handwerker.

Zu Pos. 2. Wegen der Behandlung der aus dem Vorjahre überkommenen und der am Schlusse des Rechnungsjahres verbliebenen neuen sowie der alten Materialien vergl. die allgemeinen Vorschriften Ziffer VI und VII.

Zu Pos. 1 und 2. Die unter Pos. 1 und 2 gebuchten Kosten sind in Sonderaufzeichnungen, für die rechnungsmäßige Behandlung nicht erfordert wird, nach dem Verwendungszweck zu trennen, und zwar sind zu unterscheiden:

Die Kosten für die Unterhaltung des Unterbaues,
" " " " " Oberbaues,
" " " " " der Telegraphen- und Signaleinrichtungen,
" " " " " Hochbauten und sonstigen Anlagen,
" " " " Beseitigung des Schnees,
" " der Leistungen für Dritte.

Titel	Pos.	Unter-Pos.	Betriebsausgabe	Betrag (in Mark)
VII			**Titel VII. Für Unterhaltung, Erneuerung und Ergänzung der Fahrzeuge und der maschinellen Anlagen.**	
	1		Löhne der Werkstättenarbeiter	.
	2		Beschaffung der Werkstattsmaterialien	.
	3		Sonstige Ausgaben	.
	4		Beschaffung ganzer Fahrzeuge	.
		1	Lokomotiven	.
		2	Triebwagen	.
		3	Personenwagen	.
		4	Gepäck- und Güterwagen	.
			Summe Titel VII . . .	
VIII			**Titel VIII. Für Benutzung fremder Bahnanlagen und für Dienstleistungen fremder Beamten.**	
	1		Vergütung für gepachtete Bahnstrecken	.
	2		Vergütung für Mitbenutzung von Bahnhöfen, Bahnstrecken und sonstigen Anlagen, für Dienstleistungen von Beamten anderer Verwaltungen oder der Besitzer von Anschlußgleisen, sowie für Wahrnehmung des Betriebsdienstes auf der eigenen Strecke oder in gemeinsamen Verkehren durch andere Verwaltungen	.
	3		Vergütung für Verwaltungskosten von Eisenbahnverbänden und Abrechnungsstellen . . .	.
	4		Sonstige Vergütungen	.
			Summe Titel VIII . . .	.
IX			**Titel IX. Für Benutzung fremder Fahrzeuge.**	
	1		Miete und Leihgeld für Lokomotiven	.
	2		Miete und Leihgeld für Wagen	.
			Summe Titel IX . . .	.

Anmerkungen zu Titel VII.

Zu den maschinellen Anlagen gehören die Antriebs- (Werkzeug-) Maschinen, Dampfkessel und sonstige maschinelle Einrichtungen der Werkstätten, Gasanstalten, der elektrischen Beleuchtungs- und Kraftanlagen, der Wasserkraftanlagen, der Wasserstationen, der Wasserreinigungsanlagen, der Tränkungs- (Imprägnierungs-), Desinfektions- und Hobeanstalten, der Heizanlagen, der Lokomotiv- und Wagenschuppen und dergl. Ferner die Hebekrane, Drehscheiben und Schiebebühnen ohne Rücksicht auf die Antriebsweise, Brückenwagen, die Wasserbehälter der Wasserstationen, die Wasserkrane usw. (zu vgl. auch die Anmerkung zu Titel VI).

Wegen der Aufnahme der Arbeiten und Leistungen für Dritte zu vergl. die allgemeinen Vorschriften Ziffer II und wegen der Verrechnung der zu Lasten der Titel V und VI in den Werkstätten ausgeführten Arbeiten zu vgl. die Bemerkungen zu diesen Titeln.

Die unter Titel VII gebuchten Kosten sind in Sonderaufzeichnungen, für die rechnungsmäßige Behandlung nicht erfordert wird, nach dem Verwendungszweck zu trennen, und zwar sind zu unterscheiden:

Lokomotiven und Tender nebst Zubehör,
Triebwagen " "
Personenwagen " "
Gepäck-, Güter- und Arbeitswagen nebst Zubehör einschließlich der Wagendecken,
Bahndienstwagen, Kran-, Gewichts-, Profil-, Gastransportwagen und dergl. nebst Zubehör,
Mechanische und maschinelle Anlagen und Einrichtungen, sowie Dampfboote, Schalden, Prahme, Hebemaschinen und Zubehör,
Leistungen für Dritte.

Zu Pos. 2. Bei dieser Position sind die Kosten der auf Vorrat beschafften Werkstattsmaterialien, sowie der an die Neubauverwaltung, an fremde Eisenbahnverwaltungen, Privatpersonen usw. aus den Magazinen abgegebenen Werkstattsmaterialien zu verrechnen (zu vergl. die Anmerkung zu Pos. 3).

Wegen der Behandlung der aus dem Vorjahre überkommenen und der am Schlusse des Rechnungsjahres verbliebenen neuen, sowie der alten Materialien vergl. die allgemeinen Vorschriften Ziffer VI und VII.

Zu Pos. 3. Hier erscheinen die Kosten, die nicht unter Pos. 1 und 2 zur Verausgabung gelangen, insbesondere die Kosten für Leistungen und Lieferungen der Unternehmer und Handwerker mit Ausnahme der unter Pos. 4 nachzuweisenden sowie die auf Grund des Vereinswagenübereinkommens an fremde Eisenbahnen zu zahlenden Vergütungen für Wagenbeschädigungen usw. auch sind hier die Kosten der für die Unterhaltung, Erneuerung und Ergänzung der Fahrzeuge und der maschinellen Anlagen zur unmittelbaren Verwendung, also nicht auf Vorrat beschafften Materialien zu verausgaben (zu vergl. die Anmerkung zu Pos. 2).

Zu Pos. 4. Hier ist nur der Aufwand für die von Maschinenfabriken gekauften Fahrzeuge zu buchen. Werden Fahrzeuge in den eigenen Werkstätten der Verwaltung gebaut, so werden die Kosten hierfür unter Pos. 1 bis 3 gebucht.

Anmerkung zu Titel VIII und IX.

Hier findet das zu den Einnahmetiteln III und IV Bemerkte entsprechende Anwendung.

Titel	Pos.	Unter-Pos.	Betriebsausgabe	Betrag (in Mark)
X			**Titel X. Verschiedene Ausgaben.**	
	1		Steuern, Gemeindeabgaben und öffentliche Lasten	
	2		Entschädigungen auf Grund des Haftpflichtgesetzes	
	3		Ersatzleistungen	
	4		Entschädigungen für Benutzung fremder Grundstücke, Miete für Dienstgebäude und Dienstwohnungen	
	5		Porto, Gebührenbeträge und sonstige Frachtgebühren für dienstliche Sendungen, Telegramm- und Fernsprechgebühren, Gerichtskosten, Stempel und Kosten für Bekanntmachungen, Feuer- und andere Versicherungsbeiträge, Kosten des Geldverkehrs mit Banken . . .	.
	6		Sonstige und unvorhergesehene Ausgaben	.
			Summe Titel X . . .	.

Übersicht der Betriebsausgaben.

Abteilung I.

Persönliche Ausgaben.

Titel	I	Besoldungen (Gehälter), Wohnungsgeldzuschüsse, Stellen- und andere persönliche Zulagen	
	II.	Bezüge und Löhne der nicht etatsmäßigen Beamten und Bediensteten sowie der Arbeiter	
„	III	Tagegelder, Reise- und Umzugskosten, sowie andere Nebenbezüge	
„	IV	Für Wohlfahrtszwecke	

Abteilung II.

Sachliche Ausgaben.

Titel	V	Für Unterhaltung und Ergänzung der Ausstattungsgegenstände sowie für Beschaffung der Betriebsmaterialien	.
„	VI.	Für Unterhaltung, Erneuerung und Ergänzung der baulichen Anlagen	.
„	VII	Für Unterhaltung, Erneuerung und Ergänzung der Fahrzeuge und der maschinellen Anlagen	.
„	VIII	Für Benutzungen fremder Bahnanlagen und für Dienstleistungen fremder Beamten .	.
„	IX	Für Benutzung fremder Fahrzeuge	.
„	X	Verschiedene Ausgaben	.
		Summe der Betriebsausgaben . . .	.

Anmerkungen zu Titel X.

Zu Pos. 3. Insbesondere für verlorene, verdorbene und beschädigte Transportgegenstände, Ergänzung beschädigter Verpackungen, für Lieferfristüberschreitungen, Rückzahlung von Fahr- und Frachtgeldern — insofern die zuviel erhobenen Einnahmen nicht mehr abgesetzt werden können —, An- und Abfuhrkosten, Lager-, Stand- und Wiegegeld u. dgl.

Zu Pos. 6. Hierher gehören u. A. Kosten des Rangierens mit Pferden, für die Vertilgung von Ungeziefer und Haltung von Wächterhunden, Kosten von Konferenzen, Generalversammlungen usw. für die Ausschmückung der Bahnhöfe bei festlichen Gelegenheiten, etwaige nicht ersetzte Kosten der zollamtlichen Abfertigung, Rollgelder, Beiträge zu den Kosten des Vereins Deutscher Eisenbahnverwaltungen, Prämien für die Ermittlung von Dieben und Urhebern von Bahnfreveln, sowie für die Abwendung von betriebsgefährlichen Ereignissen

Titel	Pos.	Unter-Pos.	Betriebsrechnung	Betrag (in Mark)
			Abschlufs.	
I			I.	
	1		Summe der Betriebseinnahmen	
	2		Summe der Betriebsausgaben	
	3		Überschufs	
II			II.	
	1		Für Bahnen, die einen Erneuerungs-, Reserve- usw. Fonds besitzen, geht ab:	
		1	Zu konzessions- und statutenmäßigen Rücklagen: In den Erneuerungsfonds:	
			a) Regelmäßige Rücklagen . . . ℳ	
			b) Erlös für das ausgewechselte Betriebsmaterial . . .	
			Se. . . ℳ	
			Hiervon ist in Ausgabe-Titel . . . verrechnet . . . ℳ	
			desgl. . . .	
			desgl. . . .	
			Se. . . ℳ	
			Somit kommt hier noch zur Verrechnung	
		2	In den Reservefonds (Reservebaufonds, Ergänzungs- usw. Fonds) . . . ℳ	
			Hiervon ist in Ausgabe-Titel . . . verrechnet . . . ℳ	
			desgl. . . .	
			desgl. . . .	
			Se. . . ℳ	
			Somit kommt hier noch zur Verrechnung	
	2		tritt hinzu:	
			Der etwaige Zuschuß aus dem Erneuerungsfond	
			" " " " " Reservefonds	
			Hiernach Überschufs	
III			III.	
			Hierzu kommen:	
	1		Subventionen, Garantievorschüsse, Zuschüsse von seiten der Staatskassen, Betrag einer aufgenommenen schwebenden Schuld zu Betriebszwecken	
	2		Erträgnisse aus dem Betriebe von fremden Bahnen, Bergwerken, industriellen Unternehmungen, Dampfschiffverbindungen usw.	
	3		Erlassene Beförderungssteuer	
			Hiernach verfügbarer Überschufs in Summe	
			Verwendung des Überschusses.	
	1		Zur Verzinsung der Prioritätsobligationen und sonstiger Darlehne	
	2		Zur Tilgung der Prioritätsobligationen und sonstiger Darlehne	
	3		Zur Deckung von Verlusten beim Betriebe von fremden Bahnen, Bergwerken, industriellen Unternehmungen, Dampfschiffverbindungen usw.	
	4		Zur Zahlung nicht fixierter Tantiemen	
	5		Zur Zahlung der Staatseisenbahnsteuer oder Staatsgewerbesteuer	
	6		Zur Tilgung oder zum Rückkaufe eigener Aktien sowie zu sonstiger Tilgung des Anlagekapitals	
	7		Zur Zahlung der Dividende:	
		1	Superdividende an den Staat oder außer den Aktionären statutenmäßig Berechtigte	
		2	Prioritäts-Stammaktiendividende	
		3	Stammaktiendividende	
	8		Zu außergewöhnlichen Rücklagen (Extrareserve)	
	9		Zu sonstigen Zwecken	
	10		Ablieferung an die Staatskassen seitens der Staatsbahnen	
	11		Vortrag auf das folgende Jahr	
			Summe	

Anmerkungen.

Zu Titel II Pos. 1. Vergl. Ziffer V Absatz II der „Allgemeinen Vorschriften“. Insoweit dem Reservefonds (Unterpos. 2) ausnahmsweise durch Bestimmung der Statuten auch der Erlös gewisser ausgewechselter Materialien zufließt, kommen die Unterpositionen 1a und b auch hier zur Anwendung.

Zu Titel II Pos. 2. Als Zuschuß ist derjenige Betrag zu verrechnen, um den die aus dem Erneuerungs- oder Reservefonds bestrittenen Betriebsausgaben die Rücklage des laufenden Jahres in diesen Fonds etwa übersteigen.

Ia. Rechnung des Erneuerungsfonds.

A. Rechnung der Einnahmen und Ausgaben des laufenden Jahres.

Laufende Nummer	Einnahme	Betrag (in Mark)
1	Regelmäßige Rücklagen aus den Betriebseinnahmen des laufenden Jahres:	
	a) für Erneuerung des Oberbaues:	
	1. Schienen und Kleineisenzeug . . . . M	
	2. Weichen und Weichenbestandteile . „	
	3. Schwellen . . . . „	
	b) für Erneuerung der Fahrzeuge und ihrer namentlich aufzuführenden Teile	
	1. Lokomotiven und Tender . . . . . „	
	2. Triebwagen . . . . „	
	3. Personenwagen . . . . „	
	4. Gepäck- und Güterwagen . . . . . „	
	c) für Erneuerung etwaiger sonstiger (einzeln aufzuführender) Gegenstände . . . . „	
	Summe	.
2	Erlös für das aus diesem Fonds zu erneuernde ausgewechselte Material:	
	1. für Schienen und Kleineisenzeug . . M	
	2. „ Weichen . . . . „	
	3. „ Schwellen . . . . „	
	4. „ Lokomotiven und Tender . . . . „	
	5. „ Triebwagen . . . . „	
	6. „ Personenwagen . . . . „	
	7. „ Gepäck- und Güterwagen . . . . „	
	8. „ etwaige sonstige zu erneuernde Gegenstände . . . . „	
	Summe	.
3	An Zinsen	.
	Summe der Einnahme . . .	.

Anmerkungen.

Zu No. 1 und 2. Hier ist die ganze (Brutto-) Einlage zu buchen; vergl. Ziffer V der „Allgemeinen Vorschriften“ und Pos. 1 des „Abschlusses II“ der Betriebsrechnung.

Zu No. 1 sind die angegebenen Unterabteilungen zum Ausdruck zu bringen, sofern dies die vorgeschriebene Ermittlung des zurückzulegenden Betrages gestattet.

Laufende Nummer	Ausgabe	Betrag (in Mark)
1	Für Erneuerung des Oberbaues:	
	1. Schienen und Kleineisenzeug . } in Haupt- und Nebengleisen	.
	2. Weichen und Weichenbestandteile . . . . }	.
	3. Schwellen . . . . }	.
	Summe 1 . . .	.
2	Für Erneuerung der Fahrzeuge und ihrer namentlich aufzuführenden Teile:	
	1. Lokomotiven und Tender	.
	2. Triebwagen	.
	3. Personenwagen	.
	4. Gepäck- und Güterwagen	.
	Summe 2 . . .	.
3	Für Erneuerung etwaiger sonstiger (einzeln aufzuführender) Gegenstände, falls dafür Mittel im Erneuerungsfonds vorgesehen sind	.
	Summe 3 . . .	.
	hierzu „ 2 . . .	.
	„ „ 1 . . .	.
	Summe der Ausgabe . . .	.

Abschlufs.

Einnahme . . . . M
Ausgabe . . . . „

Überschufs . . . . M
Fehlbetrag . . . . „

Anmerkung.

Die Ausgaben der Rechnung des Erneuerungsfonds haben auch in der Betriebsrechnung (I) und zwar je nach ihrer Beschaffenheit in Titel VI und in Titel VII zu erscheinen. Vergl. Pos. 1 des „Abschlusses II“ der Betriebsrechnung.

B. Abschlufs des Kapitalkontos.

Laufende Nummer	Einnahme	Effekten-nominal-betrag	Bar
1	Bestand aus der Rechnung des Vorjahres	.	.
2	Überschuß aus der Rechnung des laufenden Jahres	.	.
3	Erlös aus verkauften und verlosten Effekten	.	.
4	Angekaufte Effekten	.	.
5	Agiogewinn	.	.
	Summe	.	.

Laufende Nummer	Ausgabe	Effekten-nominal-betrag	Bar
1	Fehlbetrag des laufenden Jahres . . .	.	.
2	Preis der angekauften Effekten . . .	.	.
3	Verkaufte und verloste Effekten . . .	.	.
4	Kursverluste	.	.
5	Abschreibung an Materialvorräten . .	.	.
6	Sonstige Ausgaben	.	.
	Summe.	.	.

Einnahme . . . . . . M
Ausgabe . . . . „
Bestand . . . . . . M

Ib. Rechnung des Reservefonds (bzw. des Reservebau-, Ergänzungs- usw. Fonds).

Laufende Nummer	Einnahme	Betrag (in Mark)	Laufende Nummer	Ausgabe	Betrag (in Mark)
1	Regelmäßige Rücklagen aus den Betriebseinnahmen des laufenden Jahres			Hier sind alle diejenigen Ausgaben zu buchen, die statuten- oder konzessionsmäßig aus dem Reservefonds gedeckt werden und zwar unter Angabe derjenigen Titel und Positionen der Betriebs- oder Bauverrechnung, unter die die Verwendung ohne Zuhilfenahme dieses Fonds fallen würde.	
2	Sonstige Einnahmen, (die einzeln aufzuführen sind)				
	Summe der Einnahme			Summe der Ausgabe	

Abschluſs.

Einnahme	. . . .	ℳ
Ausgabe	. . . .	"
Überschuſs	. . . . . .	ℳ
Fehlbetrag	. . . . . .	"

Abschluſs des Kapitalkontos.

(wie beim Erneuerungsfonds)

Anmerkung

Hier ist die ganze (Brutto-) Rücklage zu vereinnahmen. Vergl. Ziffer V Absatz 2 der „Allgemeinen Vorschriften" und Position 1 des Abschlusses II der Betriebsrechnung.

Ic. Rechnung der Hilfskassen für Beamte und Arbeiter.

Laufende Nummer	Titel	Pos.	Einnahme	Betrag (in Mark)	Laufende Nummer	Titel	Pos.	Ausgabe	Betrag (in Mark)

Anmerkung.

Wo derartige Kassen bestehen, sind die Rechnungen womöglich getrennt für Beamte und für Arbeiter zu führen. Die Einnahmen und Ausgaben sind tunlichst genau anzugeben.

II. Rechnung des Eisenbahnbaues.

Bezeichnung des Titels	Titel	Pos.	Unter-Pos.	Baueinnahme (Nähere Angabe des Inhalts der Titel)	Betrag (in Mark)
				Abteilung A. Eigentliche Einnahmen.	
Baugelder.	I			(Bei Staatsbahnen.) Aus Staatsanleihen oder Krediten, die durch Gesetze bewilligt sind. Aus außerordentlichen Fonds. (Bei Privatbahnen.) Nominalbetrag ausgegebener Stammaktien Prioritätsstammaktien Prioritätsobligationen usw.	
Beiträge.	II			Beiträge aus Reichsmitteln, von Provinzen, Kreisen, Gemeinden und Privaten zum Bau der Bahn (bei Privatbahnen auch Beiträge aus Staatsmitteln).	
Etwaiger Überschuſs aus dem Betriebe einer Bahnstrecke auf Kosten des Baufonds.	III			(wie Spalte I.)	
Sonstige Einnahmen.	IV			Pacht und Miete während der Bauzeit, soweit sie nicht zu den Rückeinnahmen gehören, Kursgewinn aus verkauften Effekten, Zinsen für angelegte Geldbestände und verspätete Einzahlungen usw., Konventionalstrafen für solche, Agiogewinne, Einzahlungen, die der Gesellschaft verfallen usw.	
				Abteilung B. Rückeinnahmen.	
Grunderwerb und Nutzungsentschädigung.	I			Rückeinnahmen beim Grunderwerb.	
Erd-, Fels- und Böschungsarbeiten.	II			Rückeinnahmen bei den Erd-, Fels- und Böschungsarbeiten.	
	III usw.			(entsprechend den einzelnen Ausgabetiteln.)	

Anmerkung zu Abteilung A, Titel II.
Bei unentgeltlicher Überweisung von Grund und Boden seitens einer Gemeinde usw. ist der Betrag erforderlichenfalls schätzungsweise zu ermitteln und nachrichtlich vor der Linie zu vermerken.

Bezeichnung des Titels	Titel	Pos.	Unter-Pos.	Bauausgabe (Nähere Angabe des Inhalts der Titel)	Betrag (in Mark)
Grunderwerb und Nutzungs-entschädigung einschliefslich der dadurch entstehenden Kosten.	I			Kosten der Erwerbung des Grund und Bodens zur Herstellung der Bahn und ihrer Nebenanlagen, sowie derjenigen Ländereien, die zur Entnahme oder zur Ablagerung von Boden dienen oder wegen Zerstückluug oder Unzulänglichkeit mitübernommen werden müssen und zur Verfügung bleiben, einschließlich der Entschädigungen für Wirtschaftserschwerungen, Wasserentziehungen und andere Durchschneidungsnachteile sowie für Benachteiligung der Anlieger. Kosten für zu erwerbende, zu versetzende und umzubauende Gebäude und sonstige bauliche Anlagen. Kultur-, Nutzungs- und Wertverminderungsentschädigungen, insbesondere auch für vorübergehende Benutzung. Kosten für Bauplätze, Lagerplätze, Abgrabungen, Pacht, Miete usw. Diäten und Reisekosten für Kommissare, Schätzer, Richter und Prozeßkosten und sonstige gerichtliche Ausgaben.	
Erd-, Fels- und Böschungsarbeiten (sowie Futtermauern usw.) zur Herstellung des Bahnkörpers einschl. der Wegeübergänge usw. nebst den zur Ausführung erforderlichen Gerätschaften.	II			Einrichtungsarbeiten für Freimachung der Linie, Notbrücken, Rodungs- und Abräumungsarbeiten. Erd- und Felsbewegung: Bildung des Bahnkörpers einschließlich der Nebenanlagen (Wegeübergänge, Seitenwege usw.), Ankauf von Schüttungsboden, Anlage von Schutz- und Entwässerungsgräben, Verlegung von kleinen Wasserläufen und Deichen, Beschaffung von Vorflut- und Uferdeckungsanlagen. Besondere Bauaufsicht und Schachtmeistergeld. Herstellung der Böschungen: Ebnen der Böschungen in den Auf- und Abträgen, Gräben usw., Befestigung durch Mutterboden, Besamung und Rasenbekleidung einschließlich der Gewinnung des Mutterbodens und Rasens sowie der Unterhaltung bis zum Begrünen und Anwachsen, einschließlich Schachtmeistergeld. Besondere Befestigung der Böschungen: Pflasterung und Aufführen von Futtermauern (soweit sie nicht mit Brücken und anderen Bauwerken in Verbindung stehen, bei denen sie mitberechnet werden), Stein- und Faschinenpackungen, Entwässerungsröhren, Sickerkanäle, Kandel, Flechtzäune und Pflanzungen, Befestigung von Schutzdämmen gegen Wasserbeschädigungen, Deckungen durch Buschwerk und Zweige gegen Sandverwehungen usw. einschließlich Schachtmeistergeld. Geräte und Beförderungsmittel, Baulichkeiten: Beschaffung, Miete, Unterhaltung und Beförderung der Geräte, Lokomotiven und Erdwagen; Feuerungs- und Schmiermaterialien, Betriebskosten und sonstige Nebenausgaben, Wächterhütten, Buden, Baracken, einschließlich der Miete für derartige Räume. Unterhaltung des Bahnkörpers, der Böschungen, der Bekleidungen, Futtermauern usw. bis zur Übernahme durch den Betrieb. Andere Ausgaben, als: Ausmauern von Seitengräben, Aushebung von quelligen Bodenstellen und Ergänzung durch trockenen Boden, Verlegung und Unterhaltung von Straßen und Wegen, Beseitigung von Rutschungen, Ausfüllung verlassener Wasserläufe und Schluchten, Ableitung wilder Gewässer, Wiederherstellungsarbeiten bei Zerstörungen durch höhere Gewalt, Wächter- und Botenlohn, Leistungen bei Vermessungen behufs Anlage des Bahnkörpers, unvorhergesehene Vorkommnisse.	
Einfriedigungen ausschl. derjenigen der Bahnhöfe.	III			Einfriedigungen zum Schutze während der Bauzeit, bleibende Einfriedigungen, Mauern, Zäune, Hecken usw. Schutzanlagen gegen Schneeverwehungen (Pflanzungen, Flechtzäune, Hecken und Dämme usw.). Anpflanzungen neben der Bahn in Schachtgruben usw. Unterhaltung bis zur Übernahme durch den Betrieb.	

Bezeichnung des Titels	Titel	Pos.	Unter-Pos.	Bauausgabe (Nähere Angabe des Inhalts der Titel)	Betrag (in Mark)
Wegeübergänge, einschl. der Unter- und Überführungen von Wegen und Eisenbahnen nebst allem Zubehör.	IV			Befestigung der Übergänge, Rampen, Seitenwege durch Pflasterung, Chaussierung, Bekiesung u. dgl. Schutzschienen und Schwellen. Schranken zur Absperrung der Übergänge mit Geländern, Zugvorrichtungen, Glocken, Laternen, Warnungstafeln, Prellsteinen, Haltepfählen usw. Wege- und Bahn-Unter- und Überführungen. Seitenwegebrücken, Seitendurchlässe. Für unvorhergesehene Fälle. Unterhaltung bis zur Übernahme durch den Betrieb.	
Durchlässe und Brücken.	V			(Einschließlich der Unterhaltung bis zur Übernahme durch den Betrieb.)	
Tunnel.	VI			Erd- und Felsarbeiten einschließlich der Zimmerung und der Förderung, Abteufung von Schächten, Mauerung einschließlich Gewölbe und Portale. Geräte, maschinelle Einrichtungen, Förderbahnen, Entwässerungs- und Wasserhaltungsarbeiten u. dgl. Unterhaltung der Tunnel bis zur Übernahme durch den Betrieb.	
Oberbau der freien Bahn und der Stationen.	VII			Rettungsmaterial: Beschaffung des Rettungsmaterials einschl. Beförderung bis an oder auf die Bahn. Schwellen: Beschaffung, Zubereitung, Tränkung und Beförderung auf die Streckenlagerplätze einschl. der Beschaffung der Lagerplätze und Geräte. Schienen: Beschaffung und Beförderung. Kleineisenzeug: Beschaffung und Beförderung. Beschaffung der Ausweichungen: Anfertigung der Weichen, Kreuzungen, Herzstücke, Stellvorrichtungen u. dgl. Legen des Oberbaues einschl. der Ausweichungen: Regulierung des Planums, Hobeln, Bohren und Zurichten der Schwellen, Nacharbeiten an den Schienen und dem Kleineisenzeuge, Biegen der Schienen, Legen und Richten des Bahngestänges, Stopfen und Hinterfüllen der Schwellen, Anlage von Sickerkanälen, Schlußregulierung u. dgl. Anlage von Stellwerken. Beschaffung und Unterhaltung der Arbeitsgeräte. Unterhaltung des Oberbaues bis zur Übernahme durch den Betrieb. Verschiedene Ausgaben.	
Signale nebst dazu gehörigen Buden und Wärterwohnungen.	VIII			Elektrische Signale: Elektromagnetische Telegraphenleitung nebst Zubehör, als: Telegraphenstangen, Draht, Isolatoren usw., Aufstellung und Fertigstellung der Leitung. Beschaffung und Aufstellung der Sprech- und Schreibwerke mit zugehörigen Einrichtungen in den Gebäuden, Block- und Läutewerke, Batterien, Blitzableiter, Radtaster usw. Optische Signale: Haupt- und Vorsignale, Signallaternen, Korbscheiben, Weichenlaternen, Signalstellwerke usw. Akustische Signale: Hörner, Knallkapseln usw. Wärterbuden und Wärterwohnungen einschl. Ausrüstung und N benanlagen Abteilungszeichen: Kilometer- und Nummersteine, Neigungs- und Krümmungszeiger, Streckentafeln, Markierpfähle, Zeichen für Dienstgrenzen usw. Unterhaltung bis zur Übernahme durch den Betrieb.	

Anmerkung zu Titel IV und V.

1) Bei einem Bauwerke, das zugleich den Zwecken der Titel IV oder V dient (z. B. Wegeunterführung mit Wasserdurchlaß u. dgl.) entscheidet der Hauptzweck.

2) Die Kosten jedes größeren Bauwerkes sind gesondert zu verrechnen.

Anmerkung zu Titel VII und VIII.

Vereinigte Weichen- und Signalstellwerke sind, wenn die Anlagen zur Weichenstellung von denen zur Signalstellung nicht getrennt werden können, unter Titel VII zu verrechnen.

Bezeichnung des Titels	Titel	Pos.	Unter-Pos.	Bauausgabe (Nähere Angabe des Inhalts der Titel)	Betrag (in Mark)
Stationen.	IX			(Jeder Bahnhof erhält zunächst eine besondere Nummer.) Im einzelnen gehören hierher: Stationsgebäude: Bahnsteige und Treppen. Bahnsteigüberdeckungen (bedeckte Personenhallen). Aborte. Äußere und innere Ausstattung und Beleuchtung der Stationsgebäude und Bahnsteige, Uhren, Signalglocken, Ausstattung der Wartesäle, Beratungszimmer u. dgl. Verwaltungsgebäude, Übernachtungsräume des Betriebspersonals, Badeanstalten, Direktionsgebäude. Beamten- und Arbeiterwohngebäude nebst Zubehör. Wirtschaftsgebäude, Holzställe, Brunnen, Eiskeller, Backöfen, Waschhäuser. Lokomotivschuppen, einschl. der darin befindlichen Gruben, Kanäle, Gleise, Drehscheiben, Schiebebühnen, Krane u. dgl. Holz-, Koks-, Kohlen-, Torfschuppen. Kohlenladebühnen. Wagenschuppen nebst Zubehör. Güterschuppen, Steuerschuppen, Lagerschuppen, Güter, Vieh- und Wagenrampen, Viehhöfe, Hebegerüste und Krahne, Brückenwagen, Lademaße usw. Wasserstationsgebäude mit Ausrüstung und Zubehör, Brunnen, Wasserleitung und Wasserkrane. Drehscheiben, Schiebebühnen, Feuergruben u. dgl., mit Ausnahme der zu den Lokomotivschuppen gehörigen, Prellböcke u. dgl. Weichensteller- und Pförtnerbuden. Pflasterungen, Chaussierungen, Einfriedigungen und Tore, Entwässerungen. Abzugskanäle, Pflanzungen und Gartenanlagen, Anlage zur Beleuchtung des Bahnhofs außerhalb der Gebäude, Gas- und Wasserleitung, Kandelaber und Laternen, Gasuhren, Heizungs-, Reinigungs-, Feuerlösch- und sonstige Geräte. Sonstige Ausrüstung der Bahnhöfe. Unterhaltung des Bahnhofs bis zur Übernahme durch den Betrieb. Insgemein: Baubuden und sonstige vorübergehende Anlagen für die Bauausführung: Bauschuppen, Gelasse für die Arbeiter, Einzäunung des Bauplatzes, Zufuhrwege, Geräte, Aufräumung des Bauplatzes und Kosten für unvorhergesehene Fälle.	
Werkstattsanlagen.	X			Werkstattsanlagen: Werkstattgebäude nebst dazu gehörigen Gleisen, Ausrüstung der Werkstätten, Werkstattsmagazine, Verwaltungs- und Dienstgebäude und deren Ausstattung. Unterhaltung der Werkstattsanlagen bis zur Übernahme durch den Betrieb.	
Außerordentliche Anlagen.	XI			Fluß- und Stromverlegungen, Flußregulierungen. Außerordentliche Straßen- und Wegeanlagen. Führung der Bahn durch Festungswerke und sonstige befestigte Anlagen. Anlage von Häfen, Koks- und Gasanstalten, elektrischen Beleuchtungs- und Kraftanlagen, Schwellentränkungsanstalten usw. nebst den zugehörigen Gleisanschlüssen. Anderweite außerordentliche Anlagen, als schiefe Ebene, Eisenbahnschiffbrücken, Fähranstalten u. dgl. Unterhaltung bis zur Übernahme durch den Betrieb.	
Fahrzeuge.	XII			Lokomotiven und Tender nebst Ausrüstungsgegenständen. Triebwagen einschl. Ausrüstung. Personenwagen einschl. Ausrüstung. Gepäck- und Güter-, Vieh-, Langholz-, Kohlen- und Arbeitswagen einschl. Ausrüstung. Draisinen und Bahnmeisterwagen, Schneepflüge, Bahnbesichtigungswagen. Werkzeuge und Betriebsgeräte für die Züge, als: Wagenwinden, Brechstangen, Schraubenschlüssel, Zugleinen, Wagenlaternen, Schmiergeräte, Signaleinrichtungen, tragbare Sprechwerke u. dgl. Sonstige Ausgaben, als: Kosten für Versuche und Einübung der Beamten, Probefahrten, Tagelöhne, Frachtkosten, die bei Beschaffung der Fahrzeuge erwachsen, u. dgl.	

Anmerkung zu Titel IX, Absatz 3 und 4.

Die Kosten für Direktionsgebäude sind der Gleichmäßigkeit wegen stets **hier** zu buchen, auch wenn die Gebäude nicht auf dem Bahnhofsgelände liegen. Desgleichen sonstige Beamtenwohnungen.

Bezeichnung des Titels	Titel	Pos.	Unter-Pos.	Bauausgabe (Nähere Angabe des Inhalts der Titel)	Betrag (in Mark)
Verwaltungskosten.	XIII			a) Die Kosten für Leitung und Regelung des Grunderwerbs durch das Eisenbahnpersonal, für Vermessungen und Abgrenzungen einschl. der dazu erforderlichen Grenzsteine, b) die Kosten der Aufsicht bei der Anfertigung, sowie die Kosten der Abnahme und des Verwiegens von Schienen, c) die Kosten für Abnahme, Sichten, Verwiegen und Verteilen des Kleineisenzeuges, d) Gehälter, Wohnungsgeldzuschüsse oder Mietsentschädigungen, Tagegelder und Reisekosten der Mitglieder der bauleitenden Verwaltung, sowie aller Baubeamten, Feldmesser, Zeichner-, Bureau- und Kassenbeamten, der Bauaufseher, überhaupt des gesamten Verwaltungs-, Aufsichts- und Kassenpersonals mit Ausnahme der etwa bei den einzelnen Bauwerken zu verrechnenden Löhne für Unteraufseher, Polierer usw., e) die Kosten der Einrichtung und Ausstattung der Bureaus, Beschaffung der Bureau-, Meß- und Zeichengeräte, Bücher, Karten, Modelle usw., f) sonstige Bureaukosten, insbesondere Bureaumieten, Kosten der Heizung, Reinigung und Erleuchtung der Bureaus, der Schreib- und Zeichenmaterialien, Zeitungsbezugs- und Bekanntmachungskosten Versteigerungsgebühren, Porto, Botenlöhne usw., g) Die Kosten der Pfähle, Signalstangen, Festpunkte usw., h) Tagelöhne bei den Vermessungen, Bodenuntersuchungen, Bohrungen usw., Kosten der Beschaffung oder Anmietung von Wärterhütten, Nachen usw., und sonstige bei den Vorarbeiten vorkommende Ausgaben, als Fruchtentschädigungen usw., i) die Kosten der Baupolizei- und Krankenverwaltung, z. B. Einrichtungen von Lazaretten, Entschädigung der Bahnärzte, Abfindungsgelder an verunglückte Beamte und Arbeiter nebst deren Familien usw., k) Kosten für Eröffnungs- und andere Festlichkeiten, Ausschmückung der Bahnhöfe usw., l) außerordentliche Remunerationen und Unterstützungen für Beamte und deren Hinterbliebene, Unterstützungen für Hilfsbedienstete und Arbeiter sowie deren Hinterbliebene, Prämien usw.	
Insgemein.	XIV			Für vorübergehende Anlagen zum Beginne des Betriebes vor der gänzlichen Vollendung. Für Projektänderungen während des Baues, Wiederherstellung einzelner Bauwerke bei Zerstörung oder Beschädigung durch höhere Gewalt, für nicht zu deckende Verluste an Baumaterialien usw. Anderweite unvorhergesehene Kosten.	
Etwaige Ausfälle beim Betriebe einer Strecke auf Kosten des Baufonds.	XV			(wie Spalte 1.)	
Zinsen während der Bauzeit.	XVI			(wie Spalte 1.)	
Kursverluste.	XVII			(wie Spalte 1.)	
Erste Dotierung des Reserve- usw. Fonds.				(Der Fonds ist hier anzugeben.)	

Anmerkung zu Titel XIII.

Wenn die Verwaltungskosten durch die Betriebsrechnung laufen, so sind hier die an die Betriebskasse zu vergütenden Summen einzusetzen.

Ernst Siegfried Mittler und Sohn, Buchdruckerei G. m. b. H., Berlin SW 68, Kochstraße 68–71.

Anlage 2

Formblatt für die Jahresabschlüsse der Eisenbahnen des allgemeinen Verkehrs und der Kleinbahnen (mit oder ohne Kraftverkehrsbetriebe).

(Nach der 1. DurchfVO. vom 29. 9. 1937 — RGBl. I S. 1026 — zum Aktiengesetz vom 30. Januar 1937).

Bilanz

Aktiva

I. Ausstehende Einlagen auf das Grundkapital
II, 1a Anlagevermögen
Anlagen des Bahnbetriebes
Bahnbetriebsgrundstücke einschließlich des Bahnkörpers und der Betriebsgebäude
II, 1b Gleisanlagen
II, 1c Streckenausrüstung und Sicherungsanlagen
II, 1d Bebaute und unbebaute Grundstücke, die ausschließlich Verwaltungszwecken oder Werkswohnungszwecken dienen
II, 1e Betriebsmittel (Fahrzeuge)
II, 1f Werkstattmaschinen und maschinelle Anlagen
II, 1g Werkzeuge, Geräte, Betriebs- und Geschäftsausstattung
II, 2 Anlagen des Kraftverkehrsbetriebs
a) Betriebsgrundstücke und Betriebsgebäude
b) Treibkraftversorgungsanlagen
c) Streckenausrüstung und Sicherungsanlagen
d) Bebaute und unbebaute Grundstücke, die ausschließlich Verwaltungszwecken oder Werkwohnungszwecken dienen
e) Betriebsmittel (Fahrzeuge)
f) Werkstattmaschinen und maschinelle Anlagen
g) Werkzeuge, Geräte, Betriebs- und Geschäftsausstattung
II, 3 Andere bebaute und unbebaute Grundstücke
II, 4 Andere Betriebe, namentlich Nebenbetriebe
II, 5 Konzessionen, Patente, Lizenzen, Marken- und ähnliche Rechte
II, 6 Beteiligungen (§ 131 Abs. 1 A II Nr. 6 des Aktiengesetzes)
II, 7 Andere Wertpapiere des Anlagevermögens
Umlaufvermögen
III, 1 Stoffvorräte (Betriebs-, Bau-, Oberbau- und Werkstattstoffe, Ersatzteile)
III, 2 Wertpapiere, soweit sie nicht unter II Nr. 6 oder 7, III, Nr. 3, 11 oder 12 aufzuführen sind
III, 3 Eigene Aktien und Aktien einer herrschenden Gesellschaft (Nennbetrag RM......)
III, 4 Hypotheken. Grund- und Rentenschulden
III, 5 Von der Gesellschaft gegebene Baudarlehen
III, 6 Von der Gesellschaft geleistete Anzahlungen
III, 7 Forderungen auf Grund von Lieferungen und Leistungen
III, 8 Forderungen an Konzernunternehmen

III, 9 Forderungen aus Krediten, die nach § 80 des Aktiengesetzes nur mit ausdrücklicher Zustimmung des Aufsichtsrats gewährt werden dürfen
III, 10 Forderungen an Aufsichtsratsmitglieder, soweit sie nicht aus Geschäften entstanden sind, die der Betrieb der Gesellschaft gewöhnlich mit sich bringt
III, 11 Wechsel
III, 12 Schecks
III, 13 Kassenbestand einschließlich von Reichsbank- und Postscheckguthaben
III, 14 Andere Bankguthaben
III, 15 Sonstige Forderungen
IV. Posten, die der Rechnungsabgrenzung dienen
V. Reinverlust
Verlustvortag aus dem Vorjahr
Gewinnvortrag aus dem Vorjahr
Gewinn 19....
Verlust 19....

Passiva

I. Grundkapital; die Gesamtnennbeträge der Aktien jeder Gattung sind gesondert anzugeben; sind Mehrstimmrechtsaktien ausgegeben, so ist ihre Gesamtstimmenzahl und die der übrigen Aktien zu vermerken; bedingtes Kapital ist mit dem Nennbetrag zu vermerken
Rücklagen
II, 1 Gesetzliche Rücklage
II, 2 Andere (freie) Rücklagen
III. Wertberichtigungen zu Posten des Anlagevermögens
IV. Rückstellungen für ungewisse Schulden
V. Erneuerungsstock
VI. Heimfallstock
VII, 1 Verbindlichkeiten
Anleihen (davon sind RM...... dinglich gesichert)
VII, 2 Hypotheken, Grund- und Rentenschulden
VII, 3 Von Arbeitern, Angestellten und Kunden gegebene Pfandgelder
VII, 4 Verbindlichkeiten aus Werkspareinlagen
VII, 5 Anzahlungen von Kunden
VII, 6 Verbindlichkeiten auf Grund von Lieferungen und Leistungen
VII, 7 Verbindlichkeiten gegenüber Konzernunternehmen
VII, 8 Verbindlichkeiten aus der Annahme von gezogenen Wechseln und der Ausstellung eigener Wechsel
VII, 9 Verbindlichkeiten gegenüber Banken
VII, 10 Sonstige Verbindlichkeiten
VIII. Posten, die der Rechnungsabgrenzung dienen
XI. Reingewinn
Verlustvortrag aus dem Vorjahr
Gewinnvortrag aus dem Vorjahr
Verlust 19....
Gewinn 19....

Gewinn- und Verlustrechnung

Aufwendungen

I, 1 Aufwendungen für den Bahnbetrieb
Besoldungen, Löhne und sonstige Bezüge, soweit sie nicht unter Nr. 4 aufzuführen sind

I, 2 Soziale Ausgaben
a) Soziale Abgaben
b) Sonstige Ausgaben für Wohlfahrtszwecke
I, 3 Kosten für die Beschaffung der Betriebsstoffe
I, 4 Kosten für die Unterhaltung, Erneuerung und Ergänzung
a) der baulichen Anlagen einschließlich der Löhne der Bahnunterhaltungsarbeiter
b) der Betriebsmittel (Fahrzeuge), der Werkstattmaschinen und der maschinellen Anlagen einschließlich der Löhne der Werkstättenarbeiter
c) der Werkzeuge, der Geräte der Betriebs- und Geschäftsausstattung einschließlich der Löhne der Werkstättenarbeiter
II. Aufwendungen für den Kraftverkehrsbetrieb
1. Besoldungen, Löhne und sonstige Bezüge, soweit sie nicht unter Nr. 4 aufzuführen sind
2. Soziale Ausgaben
a) Soziale Abgaben
b) Sonstige Ausgaben für Wohlfahrtszwecke
3. Treibkraftkosten
4. Unterhaltungskosten einschließlich der auf die Unterhaltung entfallenden Löhne für
a) Zufahrtstraßen
b) Treibkraftversorgungsanlagen
c) Streckenausrüstung und Sicherungsanlagen
d) Betriebsmittel (Fahrzeuge)
e) Werkstattmaschinen und maschinelle Anlagen
f) Werkzeuge, Geräte, Betriebs- und Geschäftsausstattung
g) Grundstücke und Gebäude (eigene und gemietete)
III. Aufwendungen für andere Betriebe, namentlich Nebenbetriebe
IV. Abschreibungen und Wertberichtigungen
1. auf das Anlagevermögen
2. auf andere Werte
V. Versicherungskosten
VI. Zinsen, soweit sie die Ertragszinsen übersteigen; den Zinsen stehen ähnliche Aufwendungen gleich
VII. Steuern vom Einkommen, vom Ertrag und vom Vermögen
VIII. Beiträge an Berufsvertretungen, wenn die Zugehörigkeit auf gesetzlicher Vorschrift beruht
IX. Beträge von
1. Wertminderungen
2. sonstigen Verlusten, zu deren Ausgleich die gesetzliche Rücklage verwandt worden ist
X. Zuweisungen
1. an die gesetzliche Rücklage
2. an freie Rücklagen
3. an den Erneuerungsstock
4. an den Heimfallstock
XI. Außerordentliche Aufwendungen, soweit sie nicht in Nr. I — X und XII enthalten sind
XII. Alle übrigen Aufwendungen
XIII. Gewinn des Geschäftsjahres (Gewinnvortrag oder Verlustvortrag RM........)

Erträge

I. Einnahmen aus dem Bahnbetrieb
1. aus dem Personen- und Gepäckverkehr
2. aus dem Güterverkehr
3. sonstige Einnahmen

II. Einnnahmen aus dem Kraftverkehrsbetrieb
1. aus dem Personen und Gepäckverkehr
2. aus dem Güterverkehr
3. sonstige Einnahmen

III. Einnahmen aus anderen Betrieben, namentlich Nebenbetrieben

IV. Erträge aus Beteiligungen

V. Zinsen, soweit sie die Aufwandzinsen übersteigen; den Zinsen stehen ähnliche Erträge gleich

VI. Außerordentliche Erträge einschließlich der Beträge, die durch die Auflösung von Wertberichtigungen, Rückstellungen, freien Rücklagen, des Erneuerungsstocks und des Heimfallstocks gewonnen sind

VII. Die aus der Auflösung der gesetzlichen Rücklage gewonnenen Beträge

VIII. Außerordentliche Zuwendungen

IX. Sonstige Erträge

X. Verlust des Geschäftsjahres
(Gewinnvortrag oder Verlustvortrag RM......)

FSC
www.fsc.org
MIX
Papier | Fördert gute Waldnutzung
FSC® C083411

Kolibri 360 GmbH
Ferdinand-Jühlke-Straße 7
99095 Erfurt, Deutschland
produktsicherheit@kolibri360.de